ORACIONES Y PROMESAS
PARA LA
Sanidad

BroadStreet
ESPAÑOL

BroadStreet Publishing® Group, LLC
Savage, Minnesota, USA
BroadStreetPublishing.com

Oraciones y Promesas para la Sanidad
Copyright © 2016 Joan Hunter

978-1-4245-6135-3
978-1-4245-6136-0 (eBook)

IMPORTANTE: Este libro es un recurso para animar, brindar esperanza y oración porque creemos que Jesucristo pagó el precio de nuestra sanidad. La autora y la casa editorial no afirman ser capaces de tratar o diagnosticar ninguna enfermedad o padecimiento y no son responsables por la sanidad de nadie en particular. La información en este libro no reemplaza el consejo profesional o el tratamiento médico.

Diseño de cubierta y páginas interiores: Chris Garborg, garborgdesign.com
Traducción: David Coyotl, dwD Consulting, LLC.

Impreso en China
20 21 22 23 24 25   6 5 4 3 2 1

ÍNDICE

INTRODUCCIÓN

Durante más de cuarenta y cinco años he tenido
el privilegio de involucrarme en el ministerio de
sanidad. Durante ese tiempo he observado que muchos
problemas que se manifiestan en el alma o en el cuerpo
tienen una raíz espiritual. Cuando consideramos la raíz
de cualquier condición, podemos entonces atender
esa área de forma específica y no solo tratar el síntoma
con medicina, esperando que desaparezca. Te animo a
que busques consejo profesional y también a que uses
este libro de oraciones y promesas conforme buscas el
milagro que ahora mismo necesitas.

Este libro está organizado por temas que describen
una condición que no deseas tener (adicción, temor,
enfermedad) o algo que deseas tener (libertad,
esperanza, sabiduría). Cada uno incluye una

introducción corta acerca del tema, versículos de la Palabra de Dios y una oración de fe para declararla.

¡Tus palabras son poderosas! Utilízalas para bendecir, fortalecer tu fe, y para iniciar una conversación con Dios que vaya más allá de lo que está incluido en las páginas del libro que está en tus manos.

Mi esperanza y oración es que este recurso te ayude a apoyarte en las promesas de Dios para tu propia vida y a nombre de aquellos a quienes amas. Que este libro sea un gran estímulo en tu búsqueda por la sanidad que Dios ha provisto en Jesucristo. Tú puedes ser sanado, libre y totalmente pleno, ¡en cuerpo, alma y espíritu!

Joan Hunter

Abuso

Conforme la sociedad rechaza los fundamentos morales, la gente ve con naturalidad el robo, el chisme, la mentira y el maltrato a los demás. El egoísmo y la sensación de tener derecho a ciertas cosas ha llevado a que la conducta humana exhiba nuevos niveles de violencia. En nuestra cultura abunda el abuso sexual, físico, emocional y mental.

Desafortunadamente, algunas personas responden a su sufrimiento asumiendo una identidad como víctimas. Se han acostumbrado a recibir atención, cuidado y dinero debido a su dolor, discapacidades y problemas, y no quieren abandonar todo eso de modo que puedan sanar.

Sin considerar lo devastador del abuso que hayamos experimentado, de modo que podamos hallar plenitud debemos buscar seriamente al Gran Médico, sin aferrarnos a la identidad de víctimas. Jesús, quien fue crucificado por nosotros, es también nuestro sanador.

Él fue destrozado para propiciar tu sanidad. También derramó su sangre para limpiarte de todo dolor y sufrimiento. Él es capaz de hacerte pleno y remover toda herida y cicatriz del pasado. Dios te ama y cuidará de ti.

PROMESAS

Cercano está Jehová a los quebrantados de corazón;
Y salva a los contritos de espíritu.

SALMOS 34:18 RVR60

SEÑOR, tú conoces las esperanzas de los indefensos;
ciertamente escucharás sus clamores y los consolarás.
Harás justicia a los huérfanos y a los oprimidos,
para que ya no los aterre un simple mortal.

SALMOS 10:17, 18 NTV

El SEÑOR oye a los suyos cuando claman a él por ayuda;
los rescata de todas sus dificultades.

SALMOS 34:17 NTV

Pero tú ves la opresión y la violencia, las tomas en cuenta
y te harás cargo de ellas. Las víctimas confían en ti;
tú eres la ayuda de los huérfanos.

SALMOS 10:14 NVI

Por tanto, no nos desanimamos. Al contrario, aunque
por fuera nos vamos desgastando, por dentro nos vamos
renovando día tras día.

2 CORINTIOS 4:16 NVI

Pero tú, SEÑOR, me rodeas cual escudo;
tú eres mi gloria; ¡tú mantienes en alto mi cabeza!

SALMOS 3:3 NVI

ORACIÓN

Jesús, yo sé que escuchas mis lamentos. Llévame a un lugar seguro en el que pueda ser libre del abuso que he experimentado. Rechazo toda mentira que he creído acerca de mí y del abuso experimentado en mi pasado. Espíritu Santo, guíame a toda verdad.

Padre, perdono a todos los que me han lastimado y te pido que tú compongas todo. Sáname de los recuerdos dolorosos y ayúdame a alcanzar la plenitud.

Gracias por amarme, Señor Jesucristo. Ven y sana todas mis heridas, y líbrame de todo pesar. Confío que tú eliminarás todo dolor y lo reemplazarás con gozo. Quita de mi todo quebranto y ayúdame a sentirme pleno. Sana mi corazón y líbrame de todo el abuso que he sufrido. Lléname de tu paz.

Dios, tú eres un escudo alrededor de mí. Tú me renuevas interiormente cada día y me rescatarás de mis aflicciones. Declaro ahora que no soy víctima. ¡Soy victorioso y he vencido en el nombre de Jesús! Amén.

Adicción

Que alguien o algo que no sea Dios nos controle puede ser destructivo para nuestro cuerpo, alma y espíritu. Las conductas adictivas surgen de muchas maneras, pero lo más importante es entender que provienen del enemigo. Satanás nos ofrece una tentadora puerta abierta para caer en el mal y extraviarnos del propósito de Dios para nuestras vidas. Dado que Satanás fue expulsado del cielo, su venganza en contra de Dios es destruir todo lo que Dios ama, esto es, a sus hijos.

Quedar atrapado o estar seriamente controlados a algo o alguien que no sea Dios distorsiona nuestro libre albedrío y nuestras decisiones. Nuestras adicciones solo nos separan de Dios.

La palabra adicción a menudo se asocia con los estupefacientes o el alcohol, pero la gente también puede ser adicta a la pornografía, la comida, la televisión, las compras y mucho más. Si estás estancado en medio de alguna adicción, no te desanimes, ya que puedes ser librado de tu conducta adictiva.

La única forma de obtener la sanidad completa y la libertad del control de los espíritus malignos vinculados a estas adicciones es la liberación de Dios. Si eres adicto a algo que no es bueno para ti, debes saber y confiar en que Jesucristo puede hacerte libre de modo que experimentes paz y libertad en él.

PROMESAS

Ustedes no han sufrido ninguna tentación que no sea
común al género humano. Pero Dios es fiel, y no
permitirá que ustedes sean tentados más allá de lo que
puedan aguantar. Más bien, cuando llegue la tentación, él
les dará también una salida a fin de que puedan resistir.

1 Corintios 10:13 nvi

Esto significa que todo el que pertenece a Cristo se ha
convertido en una persona nueva. La vida antigua ha
pasado; ¡una nueva vida ha comenzado!

2 Corintios 5:17 ntv

"Así que, si el Hijo los libera del pecado,
¡entonces se convierten en hijos verdaderos
y son indudablemente libres!".

Juan 8:36 tlp

Por último, hermanos, consideren bien todo lo
verdadero, todo lo respetable, todo lo justo, todo lo puro,
todo lo amable, todo lo digno de admiración, en fin, todo
lo que sea excelente o merezca elogio.

Filipenses 4:8 nvi

ORACIÓN

Padre, quiero ser libre de cualquier tipo de adicción o control externo en mi vida. Quiero que todo lo que desee sea dirigirme hacia ti y hacia las cosas buenas que tienes para mí.

Te confieso mi adicción. Cambia mis deseos. Ya no quiero tener esta atadura. Perdóname por rebelarme en tu contra y en contra de tu voluntad para mi vida; líbrame de toda conducta adictiva que me ha esclavizado. Dios, no quiero que nada obstaculice un camino abierto a ti.

Para todo lo que se ha dañado en mí por causa de mis adicciones, te pido que lo reemplaces con nuevos componentes provenientes del cielo. Hazme pleno y totalmente tuyo. Si necesito paz, me acercaré a ti. Si necesito seguridad, me acercaré a ti.

Te alabo, Padre, por tu gracia y misericordia redentoras. Eres fiel y no permitirás que sea tentado más allá de lo que pueda manejar con tu ayuda. Me propongo concentrarme en todo lo que sea bueno y buscaré tu vía de escape siempre que sea tentado. Soy una nueva creación en ti. Lo viejo ya pasó; comenzó una nueva vida.

Ira

Un desafío que todos enfrentamos es aprender a relacionarnos con personas y acontecimientos que no cumplen nuestras expectativas. Cuando no se cumplen nuestras expectativas, la respuesta de muchos de nosotros es el enojo. El enojo fuera de control puede ocasionar que una persona reaccione de formas no saludables. Las decisiones o acciones llevadas a cabo mientras se está enojado normalmente conducen a mayores problemas y más frustración en el futuro.

Todos debemos aprender a poner estas cuestiones en las manos de Dios y permitirle producir un buen resultado en su tiempo. Dejar el sentimiento de decepción en las manos de Dios te permitirá mantener una mente despejada y te evitará a ti y a los demás tomar decisiones absurdas.

La Biblia tiene mucho que decir acerca de la ira; no solo acerca de la ira misma, sino acerca de cómo es que nosotros no debemos responder con ira. Cierta ira es justa; pero otro tipo de ira es nociva e impía. Dios quiere que veamos todo desde su perspectiva y que respondamos como respondería su corazón. En vez de ira, pidamos a Dios que nos proporcione paciencia y amabilidad.

Cuando la vida no vaya en dirección de nuestros planes, en vez de enojarnos, busquemos oportunidades para que Dios se manifieste en nuestra situación. Permite que él te transforme y te fortalezca, que te estimule a crecer en fe, de modo que exhibas su carácter más plenamente y que lo veas manifestarse a tu favor.

PROMESAS

Mis queridos hermanos, tengan presente esto:
Todos deben estar listos para escuchar, y ser lentos para hablar y para enojarse; pues la ira humana no produce la vida justa que Dios quiere.

SANTIAGO 1:19, 20 NVI

Cuando tu corazón rebose de entendimiento, serás muy lento para enojarte. Pero, si tienes mal genio, todos verán pronto tu impaciencia.

PROVERBIOS 14:29 TLP

No te dejes vencer por el mal;
al contrario, vence el mal con el bien.

ROMANOS 12:21 NVI

¡Puedes reconocer a los necios por la forma en que dan rienda suelta a su furia y dejan volar sus palabras!
Pero los sabios se muerden la lengua y se contienen de todo lo que podrían decir.

PROVERBIOS 29:11 TLP

«Si se enojan, no pequen».
No permitan que el enojo les dure hasta la puesta del sol,
ni den cabida al diablo.

Efesios 4:26, 27 nvi

La persona sabia demuestra paciencia,
porque la misericordia implica morderse la lengua.

Proverbios 19:11 tlp

No tomen venganza, hermanos míos, sino dejen el
castigo en las manos de Dios, porque está escrito:
«Mía es la venganza; yo pagaré», dice el Señor.

Romanos 12:19 nvi

ORACIÓN

*Dios Padre, te entrego todas mis decepciones y todo lo que
no salió como esperaba. Sana mi corazón y hazlo pleno. Me
arrepiento de mis reacciones llenas de ira hacia las personas
y los acontecimientos que no cumplieron mis expectativas.
Pongo delante de ti todas mis expectativas no cumplidas
y te pido que ames a la gente a través de mí, sin que sean
relevantes sus acciones o sus palabras.*

*Lléname con tu amor y elimina de mí toda ambición
egoísta y egocéntrica. Pongo en tus manos todas las cosas que
me afligen y me rehúso a ceder ante la ira.*

*Señor, pongo en tus manos mi ira y confío que tú
enderezarás las cosas. No expresaré mis frustraciones y seré
una persona lenta para la ira. Aun cuando esté enojado, no
pecaré, sino que venceré todo mal con el bien.*

Certeza

Dios es nuestro Padre y él no cambia. La Biblia nos enseña que Dios puede hacer todas las cosas, y también nos enseña que él es incapaz de mentir. Esto significa que el Señor siempre es fiel y verdadero. Todo lo que él dice, lo hará y producirá en su tiempo.

Puedes confiar en cada una de sus palabras el ciento por ciento del tiempo. Él es invencible, imparable y profundamente persistente. Él es tu roca eterna y tu máxima y mayor recompensa. Él completará todo lo que comenzó en tu vida.

En la vida experimentaremos circunstancias en las que habremos de dudar y parecerá que perdemos la fe. Pero en ese mismo lugar, en medio de la desesperación y la falta de seguridad, Dios nos da la garantía de su naturaleza, de su gran amor por nosotros y de su provisión en favor nuestro.

Pon tu mano en su mano y aguanta por el día de hoy. Pon a sus pies tu familia, tu trabajo y tu vida, y observa qué es lo que hará. Ten plena certeza de que poner tu fe en Dios es la mejor decisión que has tomado jamás.

PROMESAS

Su divino poder, al darnos el conocimiento de aquel
que nos llamó por su propia gloria y excelencia, nos
ha concedido todas las cosas que necesitamos para
vivir como Dios manda. Así Dios nos ha entregado sus
preciosas y magníficas promesas para que ustedes,
luego de escapar de la corrupción que hay en el mundo
debido a los malos deseos, lleguen a tener
parte en la naturaleza divina.

2 Pedro 1:3, 4 rvr60

Jesucristo *es* el mismo ayer y hoy y por los siglos.

Hebreos 13:8 lbla

Al que puede hacer muchísimo más que todo lo que
podamos imaginarnos o pedir, por el poder que obra
eficazmente en nosotros, ¡a él sea la gloria en la iglesia y
en Cristo Jesús por todas las generaciones,
por los siglos de los siglos! Amén.

Efesios 3:20, 21 nvi

Siempre tengo presente al Señor;
con él a mi derecha, nada me hará caer.
Por eso mi corazón se alegra,
y se regocijan mis entrañas;
todo mi ser se llena de confianza.
No dejarás que mi vida termine en el sepulcro;
no permitirás que sufra corrupción tu siervo fiel.

Me has dado a conocer la senda de la vida;
me llenarás de alegría en tu presencia,
y de dicha eterna a tu derecha.

SALMOS 16:8–11 NVI

Queridos amigos, si no nos sentimos culpables,
podemos acercarnos a Dios con plena confianza.

1 JUAN 3:21 NTV

ORACIÓN

Dios Padre, gracias por las muchas promesas que me has hecho y por la seguridad que me proporcionas en medio de mis dudas y de mi falta de fe. Te agradezco que tus promesas son verdad y no pueden fallar. Tus pensamientos hacia mí son demasiados numerosos como para contarlos, y siempre son gentiles. Dado que tú eres siempre el mismo, confío que encontraré todo lo que necesito en ti, Jesús. Tus palabras son mi pan cotidiano y tengo completa seguridad en ti.

Tú eres capaz de hacer más de lo que jamás pueda pedir o imaginar. Estás cerca de mí y no seré sacudido. A través de tus grandes promesas yo participaré de tu naturaleza divina, escapando de la corrupción de este mundo y seré todo aquello que planeaste que fuera al crearme.

Te agradezco poder acercarme a ti con total seguridad el día de hoy por causa de la obra terminada de Jesús en la cruz.

Creer

En ocasiones, parece que luchamos con nuestra fe en las promesas que Dios nos ha dado. Sabemos que él prometió sanarnos; pero nos encontramos enfermos. Quizá prometió darnos libertad; pero estamos luchando en contra de adicciones y vicios. Sin importar cómo se vean nuestras circunstancias externas el día de hoy, Dios nos indica que sigamos creyendo en él, confiando que lo que prometió, con toda seguridad acontecerá.

Todas las cosas en el reino de Dios penden de la fe y de la confianza en Dios. Se trata del punto de apoyo sobre el cual todas las riquezas de Dios se dirigen y manifiestan para aquellos que le buscan. La fe mueve montañas, apaga fuegos, multiplica la provisión, resucita muertos, sana a los enfermos, echa fuera demonios, cierra la boca de leones, crea senderos a través de aguas oscuras, engendra en vientres estériles y, por sobre todas las cosas, agrada a Dios. Él ama la fe, y todos aquellos que deciden creer pueden verlo obrar maravillas.

PROMESAS

Pero sin fe es imposible agradar a Dios; porque es
necesario que el que se acerca a Dios crea que le hay,
y que es galardonador de los que le buscan.

Hebreos 11:6 rvr60

… que, si confiesas con tu boca que Jesús es el Señor
y crees en tu corazón que Dios lo levantó de entre los
muertos, serás salvo. Porque con el corazón se cree para
ser justificado, pero con la boca
se confiesa para ser salvo.

Romanos 10:9, 10 nvi

"– ¿Cómo que 'si puedo'? —preguntó Jesús—.
Todo es posible si uno cree".

Marcos 9:23 ntv

Ellos dijeron: Cree en el Señor Jesucristo,
y serás salvo, tú y tu casa.

Hechos 16:31 rvr60

"Marta —dijo Jesús—, no tienes que esperar hasta
entonces. Yo soy la Resurrección, y yo soy Vida Eterna.
Cualquiera que se aferre a mí en la fe,
aunque muera, vivirá para siempre".

Juan 11:25 tlp

"—Tengan fe en Dios —respondió Jesús—. Les aseguro que, si alguno le dice a este monte: "Quítate de ahí y tírate al mar", creyendo, sin abrigar la menor duda de que lo que dice sucederá, lo obtendrá. Por eso les digo: Crean que ya han recibido todo lo que estén pidiendo en oración, y lo obtendrán".

MARCOS 11:22–24 NVI

ORACIÓN

Dios, proporciona sanidad a cada área de mi corazón que ha sido herida por las circunstancias de la vida y que me dicen que dude de tu bondad y de tu gracia en mi vida. Quiero confiar en ti con todo lo que hay en mi ser. Vivo por la fe en ti, Señor.

Cada parte de mi ser se regocija en ti y confía en ti, aun cuando espero que tu promesa se cumpla. Tú prometiste que todo es posible para aquellos que creen. Señor, yo creo y confío que eres fiel y capaz de hacerme avanzar.

Dame la fe que mueve montañas, que confíe en ti a pesar de lo que vean mis ojos. Declararé con mi boca las promesas que hay en tu Palabra.

Tú recompensas a quienes te buscan y yo quiero que tú estés presente en cada área de mi vida. Le digo a las montañas de mi vida: "¡Muévanse!". Todo lo puedo porque tú me fortaleces.

Hijos

Los hijos son una bendición de Dios, un precioso regalo otorgado por él. Son una herencia para continuar el nombre de la familia y una bendición para el futuro. Los hijos deben ser la encarnación del amor, producto de un acto de amor. Conducir a un hijo por el sendero que lo lleve a la vida eterna con Dios es tanto un honor como una gran responsabilidad.

Los hijos proporcionan gran gozo y bendición a la familia; sin embargo, también pueden traer conflicto y grandes desafíos. En ocasiones, los padres se preguntan si sus hijos alguna vez aprenderán a obedecer o si sobrevivirán con seguridad a través de los años de su crecimiento.

Criar a un hijo en el camino que Dios quiere demanda oración y de sabiduría diarias que provengan de su Palabra. Sin importar lo difícil u ocupada que llegue a ser la vida al criar a los hijos, debemos recordar que son una bendición de Dios: un don de la gracia de Dios a este mundo.

PROMESAS

Dedica tus hijos a Dios y señálales el camino que
deben seguir, y los valores que han aprendido de ti los
acompañarán de por vida.

PROVERBIOS 22:6 TLP

"Todo el que recibe de mi parte a un niño pequeño
como este, me recibe a mí;... Cuidado con despreciar a
cualquiera de estos pequeños. Les digo que, en el cielo,
sus ángeles siempre están en la presencia
de mi Padre celestial".

MATEO 18:5, 10 NTV

Los hijos son un regalo del SEÑOR;
son una recompensa de su parte.

SALMOS 127:3 NTV

Nada me produce más alegría que oír que
mis hijos practican la verdad.

3 JUAN 4 NVI

Miren con cuánto amor nos ama nuestro Padre que nos
llama sus hijos, ¡y eso es lo que somos! Pero la gente
de este mundo no reconoce que somos hijos de Dios,
porque no lo conocen a él. Queridos amigos, ya somos
hijos de Dios, pero él todavía no nos ha mostrado lo
que seremos cuando Cristo venga; pero sí sabemos que
seremos como él, porque lo veremos tal como él es.

1 JUAN 3:1, 2 NTV

Pero, si a ustedes les parece mal servir al SEÑOR, elijan ustedes mismos a quiénes van a servir: a los dioses que sirvieron sus antepasados al otro lado del río Éufrates, o a los dioses de los amorreos, en cuya tierra ustedes ahora habitan. Por mi parte, mi familia y yo serviremos al SEÑOR.

JOSUÉ 24:15 NVI

ORACIÓN

Padre, gracias por los hijos, dones y bendiciones de vida nueva. Mi hijo es una recompensa que proviene de ti. Sana todo quebranto en nuestra relación. Ayúdanos a poder perdonarnos mutuamente. Te invito a venir y restaurar todo lo que se ha perdido.

Dame la sabiduría que necesito cada día para animar y dirigir a mi hijo en tus caminos de justicia. Recuérdame hablar de tus caminos siempre que esté con mi hijo: cuando estemos en casa y lejos de casa, cuando sea hora de dormir y cuando nos despertemos.

Declaro que cada hijo es un don que proviene de tu mano llena de amor y de gracia. Gracias porque cada uno de ellos será salvo, caminará en tu luz y en tu verdad, y estará contigo por la eternidad. Mi familia y yo te serviremos.

Consuelo

En algún punto de nuestras vidas, todos nos enfrentamos a la enfermedad, la pena, la pérdida y la muerte. En esos momentos necesitamos experimentar un consuelo que no proviene de este mundo sino que solo puede provenir de Dios. Ninguna medida de consuelo de este mundo puede calmar a un alma cansada de la forma como puede hacerlo el consuelo que proviene de Dios. Solo él puede proporcionar la profunda paz que necesitamos en medio de nuestra tormenta.

Jesús afirmó que el Espíritu Santo es nuestro Consolador. El Espíritu Santo es quien rodea a los hijos de Dios para consolarlos durante su jornada a través de un mundo estropeado. El Dios trino vigila a los suyos para cuidarlos y llevar a cabo su voluntad a través de cada uno de ellos.

Recibe el consuelo de Dios el día de hoy, sabiendo que Dios hará que todo obre para bien tuyo, aun en los momentos más difíciles y dolorosos. Dios siempre está cerca y él te dará el consuelo que necesitas en el momento preciso. Él está cerca de ti, consolándote con su inquebrantable amor.

PROMESAS

Que sea tu gran amor mi consuelo,
conforme a la promesa que hiciste a tu siervo.

SALMOS 119:76 NVI

Que nuestro Señor Jesucristo mismo y Dios nuestro
Padre, quien nos amó y por su gracia nos dio consuelo
eterno y una esperanza maravillosa, los conforten y
fortalezcan en todo lo bueno que ustedes hagan y digan.

2 TESALONICENSES 2:16, 17 NTV

Si el SEÑOR no me hubiera ayudado,
pronto me habría quedado en el silencio de la tumba.
Clamé: «¡Me resbalo!»,
pero tu amor inagotable, oh SEÑOR, me sostuvo.
Cuando mi mente se llenó de dudas,
tu consuelo renovó mi esperanza y mi alegría.

SALMOS 94:17—19 NTV

Bendito sea el Dios y Padre de nuestro Señor Jesucristo,
Padre de misericordias y Dios de toda consolación, el
cual nos consuela en todas nuestras tribulaciones, para
que podamos también nosotros consolar a los que están
en cualquier tribulación, por medio de la consolación
con que nosotros somos consolados por Dios.

2 CORINTIOS 1:3, 4 RVR60

"Les digo esto mientras estoy con ustedes. Pero cuando el Padre envíe al Espíritu de Santidad, el que, como yo, los libera, él les enseñará todas las cosas en mi nombre y los inspirará para que recuerden cada palabra que les he dicho. Les dejo el don de la paz: mi paz. No el tipo de paz frágil que da el mundo, sino mi paz perfecta. No sucumban al miedo ni se turben en sus corazones; más bien, ¡sean valientes!".

JUAN 14:25–27 TLP

ORACIÓN

Espíritu Santo, tú eres quien me da consuelo. Cada momento de cada día, tú eres todo lo que necesito. Lléname con tu presencia y con tu paz. Sana mi corazón, mi cuerpo, mi alma y mi mente de todos los traumas y libera tu consuelo en cada área de mi vida. Tú me harás pasar por todas las circunstancias difíciles y dolorosas. No solo me harás pasar por ellas, sino que me consolarás al estar en medio de ellas, concediéndome la paz que no proviene de este mundo.

Tú me ayudas y me sanas. Dame un consuelo eterno y una esperanza maravillosa y forteléceme en todo lo bueno que haga y diga el día de hoy. En medio de mi aflicción, clamo a ti. Tu amor inquebrantable es mi consuelo.

Confianza

Es peligroso poner nuestra confianza en las habilidades, dones o logros terrenales. En vez de ello, nuestra confianza debe ser en Jesucristo y solamente en él. Cuando experimentemos tiempos de duda, temor o inseguridad, ese es el momento en el que debemos apoyarnos más fuertemente en Cristo. Si todo fuera perfecto en este mundo, no tendríamos necesidad de tener confianza.

No necesitamos más confianza en *nosotros mismos*. Necesitamos la rica confianza que solo proviene de confiar y depender de Dios. Este tipo de confianza hará que declaremos que él es Dios y que nosotros no nos avergonzamos de estar de su lado, sin importar que nos odien o lo que digan acerca de nosotros. Aunque los demás decidan abandonarle, nosotros nos mantendremos firmes en nuestra confianza en Dios. Aunque caigan mil a nuestro lado y diez mil a nuestra diestra, no dejaremos de confiar en él.

PROMESAS

... de manera que podemos decir confiadamente:
El Señor es mi ayudador; no temeré
Lo que me pueda hacer el hombre
HEBREOS 13:6 RVR60

Así que acerquémonos confiadamente al trono de la
gracia para recibir misericordia y hallar la gracia que nos
ayude en el momento que más la necesitemos.
HEBREOS 4:16 NVI

Pero bendito el hombre que confía en mí,
que pone en mí su esperanza.
JEREMÍAS 17:7 DHH

Dios los deja vivir confiados,
pero vigila cada uno de sus pasos.
JOB 24:23 DHH

Y esta es la confianza que tenemos en él, que si pedimos
alguna cosa conforme a su voluntad, él nos oye.
Y si sabemos que él nos oye en cualquiera cosa que
pidamos, sabemos que tenemos las peticiones
que le hayamos hecho.
1 JUAN 5:14, 15 RVR60

Estando convencido precisamente de esto:
que el que comenzó en vosotros la buena obra,
la perfeccionará hasta el día de Cristo Jesús.
FILIPENSES 1:6 LBLA

ORACIÓN

Dios, tú eres mi ayuda constante en mi tiempo de necesidad.
Debido a que eres mi ayudador, no temeré lo que otros puedan
hacerme. Tú eres el único que me da confianza y fortaleza, y
me ayudas en muchísimas formas.

Dios, me atrevo a acercarme a tu trono el día de hoy
para hallar gracia y misericordia en mi tiempo de necesidad.
Gracias porque mi confianza está en ti y tú eres inconmovible.
El día de hoy pongo mi confianza en ti, pues tú eres mi
esperanza y mi confianza.

Sana las heridas en mi corazón que producen
inseguridad, temor, incertidumbre y otras cosas que me
tientan a dudar de tu bondad y poder en mi vida para hacer
todo lo que me has llamado a hacer. Tú escuchas cada
palabra que expreso en las oraciones que elevo a ti. Eres mi
ayudador y mi fortaleza; no temeré.

Valentía

Los seguidores de Jesucristo deben ser capaces de enfrentar grandes desafíos y saber que Dios les dará la victoria sobre los gigantes de la tierra, removerá las montañas que se les interpongan, calmará la tormenta, multiplicará el alimento, cerrará la boca de los leones, los librará de un diluvio, interpretará un sueño, apagará el fuego, los guiará a través de aguas oscuras y profundas, los sacará de la prisión, les dará las palabras que deben decir a sus enemigos, los defenderá de los adversarios y los protegerá de potestades y fuerzas malignas. Todo lo que necesitamos para enfrentar esta clase de circunstancias es una valentía piadosa.

Conforme seguimos a Jesús, enfrentaremos oposición. Algunos incluso nos atacarán debido a nuestra lealtad, pero él es más grande que todos ellos. Durante tiempos de persecución o aislamiento, él nunca nos dejará ni abandonará. En este mundo es posible que experimentemos aflicción, pero él ha vencido al mundo.

Jesús es el vencedor. Él es quien nos hace valientes, proporcionándonos la habilidad y la audacia para permanecer firmes en medio de la tormenta. Dios es quien nos da el valor para enfrentar todo lo que la vida pueda traer.

PROMESAS

Lo único que te pido es que tengas mucho valor y
firmeza, y que cumplas toda la ley que mi siervo Moisés
te dio. Cúmplela al pie de la letra para que te vaya bien
en todo lo que hagas.

Josué 1:7 DHH

Mira que te mando que te esfuerces y seas valiente;
no temas ni desmayes, porque Jehová tu Dios
estará contigo en dondequiera que vayas.

Josué 1:9 RVR60

Aunque pase por el valle de sombra de muerte,
no temeré mal alguno, porque tú estás conmigo;
tu vara y tu cayado me infunden aliento.

Salmos 23:4 LBLA

Cuando siento miedo,
pongo en ti mi confianza.
Confío en Dios y alabo su palabra;
confío en Dios y no siento miedo.
¿Qué puede hacerme un simple mortal?

Salmos 56:3, 4 NVI

Por último, fortalézcanse con el gran poder del Señor.
Pónganse toda la armadura de Dios para que puedan
hacer frente a las artimañas del diablo.

Efesios 6:10, 11 NVI

¡Amen al Señor todos los justos!
Pues el Señor protege a los que le son leales,
pero castiga severamente a los arrogantes.
Así que, ¡sean fuertes y valientes,
ustedes los que ponen su esperanza en el Señor!

Salmos 31:23, 24 NTV

Por lo tanto, no desechen la firme confianza que tienen
en el Señor. ¡Tengan presente la gran recompensa que
les traerá! Perseverar con paciencia es lo que necesitan
ahora para seguir haciendo la voluntad de Dios.
Entonces recibirán todo lo que él ha prometido.

Hebreos 10:35, 36 NTV

ORACIÓN

*Cuando tenga miedo, Dios, pondré mi confianza en ti, pues
tú eres mi ayudador y quien me proporciona el valor. Seré
fuerte y valiente el día de hoy, obedeciéndote en todo lo que
me indiques hacer. No temeré ni desmayaré, porque tú, Señor,
estás conmigo donde quiera que voy. Contigo a mi lado, tengo
el valor para enfrentar el valle de sombra de muerte.*

*El día de hoy elegiré ser fuerte en ti y en el poder de
tu fuerza; confío que me darás el valor que necesito para
enfrentar a los gigantes en mi vida. ¡La confianza en ti trae
una gran recompensa! Pongo toda mi esperanza en ti, Jesús.*

Liberación

Dios es nuestro libertador. De todo aquello de lo que podamos necesitar librarnos, él es el único que puede eliminar su poder y liberarnos para vivir una vida pidadosa. Ya sea que necesitemos liberación de enfermedad mental, actividad demoníaca o adicciones; o si es que necesitamos liberación de una dolencia física, como el cáncer o un catarro común; o de un enemigo que parezca asaltarnos, Jesucristo es el único a quien buscamos y el único al que clamamos por liberación.

¿Quién nos libra del mal? Dios es nuestro libertador, quien nos arranca de los brazos del fuego de la aflicción y nos libera del poder del pecado. Nos libera de los ataques del enemigo, tanto espirituales como naturales. Al aferrarnos a él podemos vencer la oscuridad y todo el mal huye de su presencia. Él triunfó sobre la muerte y la tumba por la cruz de Jesucristo. Arrebató las llaves del infierno y de la muerte de las manos de Satanás y ascendió a la derecha de Dios. Esa es la razón por la que le llamamos Salvador y Señor.

En cualquier cosa que necesitemos el día de hoy, sabemos que él es el Dios que libera a su pueblo.

PROMESAS

El Señor oye a los suyos cuando claman a él por ayuda;
los rescata de todas sus dificultades.

SALMOS 34:17 NTV

Pero yo a ti oraba, oh Jehová,
al tiempo de tu buena voluntad;
Oh Dios, por la abundancia de tu misericordia,
Por la verdad de tu salvación, escúchame.
Sácame del lodo, y no sea yo sumergido;
Sea yo libertado de los que me aborrecen, y de lo
profundo de las aguas. […]
Respóndeme, Jehová, porque benigna es tu misericordia;
Mírame conforme a la multitud de tus piedades.

SALMOS 69:13, 14, 16 RVR60

La persona íntegra enfrenta muchas dificultades,
pero el Señor llega al rescate en cada ocasión.

SALMOS 34:19 NTV

Tú eres mi escondedero;
de la angustia me preservarás;
con cánticos de liberación me rodearás.

SALMOS 32:7 LBLA

Dios es para nosotros un Dios de salvación,
y a Dios el Señor pertenece el librar de la muerte.

SALMOS 68:20 LBLA

El cual nos ha librado de la potestad de las tinieblas,
y trasladado al reino de su amado Hijo.

COLOSENSES 1:13 RVR60

Pero el Señor es fiel, y él los fortalecerá
y los protegerá del maligno.

2 TESALONICENSES 3:3 NVI

ORACIÓN

*Padre, gracias por otorgarme la máxima liberación: me has
sacado del reino de las tinieblas y me has colocado en el reino
del Hijo de tu amor. Tú eres mi libertador.*

*Dios, tú eres mi lugar de refugio. Rodéame con tus cantos
de liberación. Gracias porque escuchas cuando pido ayuda y
porque cada vez vienes a rescatarme.*

*¡Tu amor es permanente y tú eres fiel! Me librarás y
protegerás del maligno. ¡Gracias! Tuyos son todo el poder y la
autoridad, y por eso me regocijo en ti, mi Salvador y mi Señor.*

Depresión

Dios creó a los humanos como seres espirituales y los colocó en un jardín en el que no tenían que enfrentar decepciones. Cuando Adán y Eva decidieron desobeder a Dios y fueron atraídos por el enemigo al pecado, sus espíritus oscurecieron y la gloria de Dios, manifiesta e inmediata, partió de ahí. Donde antes había perfecta armonía, ahora había discordia; y donde antes había gozo y felicidad, ahora daba paso a la depresión.

La vida lejos de la presencia de Dios está incompleta, es decepcionante y deprimente. Sin embargo, el reino de Dios está lleno de justicia, gozo y paz. Eso no quiere decir que la gente piadosa no se deprima ni se desanime. Los contecimientos traumáticos de la vida, un cambio hormonal, la falta de sueño y otros factores pueden contribuir a la depresión. La Biblia nos anima, en toda situación, a poner nuestra esperanza en Dios, a regocijarnos en el Señor, pues es Dios es quien levanta nuestras cabezas.

Dios desea sacarnos de nuestra depresión y liberarnos, de modo que experimentemos el óleo de gozo en lugar de luto, y manto de alegría en lugar de espíritu angustiado. Jesús puede sanarnos de la depresión al buscarle continuamente.

PROMESAS

El Señor oye a los suyos cuando claman a él por ayuda;
los rescata de todas sus dificultades.

SALMOS 34:17 NTV

El cual nos ha librado de la potestad de las tinieblas,
y trasladado al reino de su amado Hijo.

COLOSENSES 1:13 RVR60

¿Por qué voy a inquietarme? ¿Por qué me voy a
angustiar? En Dios pondré mi esperanza,
y todavía lo alabaré. ¡Él es mi Salvador y mi Dios!

SALMOS 42:11 NVI

Mas tú, Jehová, eres escudo alrededor de mí;
Mi gloria, y el que levanta mi cabeza.

SALMOS 3:3 RVR60

A ordenar que a los afligidos de Sion se les dé gloria en
lugar de ceniza, óleo de gozo en lugar de luto, manto de
alegría en lugar del espíritu angustiado; y serán llamados
árboles de justicia, plantío de Jehová, para gloria suya.

ISAÍAS 61:3 RVR60

Pero ustedes son linaje escogido, real sacerdocio, nación
santa, pueblo que pertenece a Dios, para que proclamen
las obras maravillosas de aquel que los llamó de las
tinieblas a su luz admirable.

1 PEDRO 2:9 NVI

Regocijaos en el Señor siempre.
Otra vez digo: ¡Regocijaos!

Filipenses 4:4 rvr60

Por esta causa, *pues*, doblo mis rodillas ante el Padre
de nuestro Señor Jesucristo, de quien recibe nombre
toda familia en el cielo y en la tierra, que os conceda,
conforme a las riquezas de su gloria, ser fortalecidos con
poder por su Espíritu en el hombre interior.

Efesios 3:14–16 lbla

ORACIÓN

*Dios Padre, tú no me llamaste a una vida de depresión, sino
a una vida de paz y gozo en el Espíritu Santo. Perdóname por
creer mentiras que realmente no representan tu corazón. Dejo
a tu amoroso cuidado a todas las personas y situaciones que
me aplastan.*

*Yo ordeno a los sistemas y frecuencias de mi cuerpo que
vuelvan al equilibrio y estén en armonía, de la forma en la
que Dios determinó que funcionaran al crearme. Espíritu de
depresión, en el nombre de Jesús: ¡sal de aquí ahora! Espíritu
Santo, le doy la bienvenida a tu gozo y alabanza.*

*Jesús, ¡tú me amas! En ti está mi esperanza y en ti me
regocijo. Tú me has escogido y me ha sacado de la oscuridad
para ponerme bajo tu maravillosa luz.*

Discapacidad

Nuestras necesidades son una oportunidad para que Dios se revele de mayor forma y actúe a favor nuestro. Él se deleita en nuestra fe. Ama nuestra dependencia consciente y cuando nos volvemos a él en oración. Todas nuestras debilidades y discapacidades terrenales son oportunidades para que él muestre su amor y poder a nuestro favor. Esto le proporciona las condiciones perfectas para revelarse y transformarnos a la gloriosa imagen de su Hijo.

Ciertamente, solo Dios es totalmente capaz de ayudarnos en nuestras discapacidades. Somos sus hijos y dependemos solamente de él. Él nos cuida y actúa a nuestro favor. Él no abandona a los suyos. En la Biblia se registran las promesas respecto a que Dios nunca olvidará a los necesitados. De hecho, él está cerca de quienes están indefensos, y su anhelo es acercarse a quienes tienen roto el corazón.

No importa qué impedimento físico, mental, emocional o espiritual enfrentemos hoy. La gracia de Dios es suficiente, pues su poder se perfecciona en nuestra debilidad.

PROMESAS

Pero el necesitado no será olvidado para siempre,
ni para siempre se perderá la esperanza del pobre.

SALMOS 9:18 NVI

No quebrará la caña cascada, ni apagará el pábilo que
humeare; por medio de la verdad traerá justicia.

ISAÍAS 42:3 RVR60

El da esfuerzo al cansado, y multiplica las fuerzas
al que no tiene ningunas.

ISAÍAS 40:29 RVR60

Respecto a lo cual tres veces he rogado al Señor, que lo
quite de mí. Y me ha dicho: Bástate mi gracia; porque mi
poder se perfecciona en la debilidad. Por tanto,
de buena gana me gloriaré más bien en mis debilidades,
para que repose sobre mí el poder de Cristo. Por lo cual,
por amor a Cristo me gozo en las debilidades,
en afrentas, en necesidades, en persecuciones, en
angustias; porque cuando soy débil, entonces soy fuerte.

2 CORINTIOS 12:8—10 RVR60

ORACIÓN

Señor, gracias porque siempres estás dispuesto y eres capaz de capacitarme para vencer mis impedimentos. Envuelve mi discapacidad en tu habilidad sobrenatural y opera algo asombroso en mi vida.

Tú me fortaleces cuando estoy débil, y me das la gracia suficiente para suplir cualquier debilidad que yo tenga. Tu gracia es suficiente para cada necesidad que pueda tener.

Solamente tú puedes compensar la diferencia por mi debilidad. Confío en que me otorgues el poder cuando sienta desmayar y que incrementes mi fuerza cuando esté débil. Te pido que me fortalezcas en esperanza y que seas mi constante compañía y ayuda en tiempo de necesidad. Gracias, Jesús.

Desánimo

Cada día hay una oportunidad para caer presa del desánimo. Sin importar que lo ocurrido sea grande o pequeño, la sensación de desánimo puede ser abrumadora y conducirnos a un lugar oscuro. Estos son los momentos en los que necesitamos buscar al Señor y pedirle su guía. En estos tiempos debemos perseverar, confiar y animarnos en el Señor.

Cuando busquemos al Señor al encontrarnos en el momento del desánimo, él nos dará las herramientas necesarias para hacer todo lo que nos llamó a llevar a cabo. Entonces podremos perseguir, conquistar y recobrar todo lo que se haya perdido.

Dios ya declaró tu victoria. Anímate en el Señor, busca su voluntad y él te guiará a la victoria, sin importar la situación que puedas enfrentar.

PROMESAS

Por lo tanto, no desechen la firme confianza que tienen
en el Señor. ¡Tengan presente la gran recompensa que
les traerá! Perseverar con paciencia es lo que necesitan
ahora para seguir haciendo la voluntad de Dios.
Entonces recibirán todo lo que él ha prometido.

<small>HEBREOS 10:35, 36 NTV</small>

Por todos lados nos presionan
las dificultades, pero no nos aplastan.
Estamos perplejos pero no caemos en la desesperación.
Somos perseguidos pero nunca abandonados por Dios.
Somos derribados, pero no destruidos.

<small>2 CORINTIOS 4:8, 9 NTV</small>

¿Qué, pues, diremos a esto? Si Dios es por nosotros,
¿quién contra nosotros? El que no escatimó ni a su
propio Hijo, sino que lo entregó por todos nosotros,
¿cómo no nos dará también con él todas las cosas?
¿Quién acusará a los escogidos de Dios? Dios es el que
justifica. ¿Quién es el que condenará? Cristo es el que
murió; más aun, el que también resucitó, el que además
está a la diestra de Dios, el que también intercede por
nosotros. ¿Quién nos separará del amor de Cristo?
¿Tribulación, o angustia, o persecución, o hambre, o
desnudez, o peligro, o espada? Como está escrito:
Por causa de ti somos muertos todo el tiempo;
Somos contados como ovejas de matadero.

Antes, en todas estas cosas somos más que vencedores
por medio de aquel que nos amó. Por lo cual estoy
seguro de que ni la muerte, ni la vida, ni ángeles, ni
principados, ni potestades, ni lo presente, ni lo por
venir, ni lo alto, ni lo profundo, ni ninguna otra cosa
creada nos podrá separar del amor de Dios,
que es en Cristo Jesús Señor nuestro.

ROMANOS 8:31–39 RVR60

ORACIÓN

*Padre, me rehúso a ceder ante el desánimo. Sé que la victoria
está en tu mano, Dios. Aun cuando siento presión por todos
lados, no seré aplastado; aun cuando esté perplejo, no me
dejaré conducir a la desesperación; y aun cuando a veces me
derriben, jamás seré destruido ni me abandonarás, Señor.*

*El día de hoy, hallaré ánimo en tu amorosa bondad.
Todos los que miran a ti serán radiantes, pues no serán
avergonzados. Así que el día de hoy te busco para hallar
esperanza, luz y vida.*

*Gracias, Padre, porque nada me separará de tu amor.
Declaro que el desánimo debe dejarme. Me aferro a ti, Señor
Jesús, para que pueda hacer lo que tú quieres y recibir lo que
has prometido.*

Fe

La fe es la victoria que tenemos en Cristo. Es la sustancia viva que Dios utiliza para edificar nuestras vidas, tanto en este mundo como en la edad por venir. La fe es el vehículo para cumplir todas nuestras esperanzas y todas sus promesas. Le da poder al amor, renueva la esperanza, destierra la desesperación, protege al débil e instruye a la mente, defendiéndola de pensamientos vanos, y también protegiendo al corazón de atracciones fatales. La fe se abre paso en donde no hay paso, iniciando el fuego del valor y sosteniendo los compromisos de largo plazo.

En la Biblia se enseña que sin fe es imposible agradar a Dios. Esto no quiere decir que no tengamos dudas nunca o que jamás sentiremos temor o que no experimentaremos esperanzas no satisfechas, pero sí quiere decir que nos acercaremos al Señor en los tiempos de debilidad. Debemos pedirle a Dios que nos conceda fe y que fortalezca la medida de fe que nos ha dado ya. Debemos hacer todo lo que está de nuestra parte para alimentar lo que él ha puesto en nuestro corazón.

Conforme buscamos a Dios y meditamos en su Palabra, él nos sostendrá con la fe que necesitamos para hacer su voluntad y para experimentar progreso en nuestra vida.

PROMESAS

Ahora bien, la fe es la garantía de lo que se espera,
la certeza de lo que no se ve.

HEBREOS 11:1 NVI

"Jesús les dijo: Por vuestra poca fe; porque de cierto os
digo, que si tuviereis fe como un grano de mostaza, diréis
a este monte: Pásate de aquí allá, y se pasará;
y nada os será imposible".

MATEO 17:20 RVR60

Y Jesús le dijo al hombre:
«Levántate y sigue tu camino. Tu fe te ha sanado».

LUCAS 17:19 NTV

Ciertamente ninguno de cuantos
esperan en ti será confundido;
Serán avergonzados los que se rebelan sin causa.

SALMOS 25:3 RVR60

Así que la fe es por el oír, y el oír, por la palabra de Dios.

ROMANOS 10:17 RVR60

ORACIÓN

Dios Padre, pongo toda mi confianza en ti. Tú me dices que la fe viene por el oír, y el oír por tu Palabra. Ayúdame a meditar en tu Palabra día y noche, y haz que crezca mi fe.

Incrementa mi fe, Señor, y fortalece la medida de la fe que ya me has concedido. Que la fe que me concedas le dé poder a mi amor, renueve mi esperanza y destierre mi desesperación. Yo quiero agradarte, Señor, en cada área de mi vida por medio de la expresión de mi fe. Por fe, le digo a las montañas en mi vida: "Remuévanse en el nombre de Jesús". ¡Nada es imposible si estoy contigo!

Familia

Todos tenemos un padre terrenal y un Padre eterno en el cielo. En un mundo ideal, todo padre encarnaría el carácter y las acciones del Padre celestial. De igual forma, cada madre reflejaría perfectamente el amor y el cuidado de Dios. Muchos padres se quedan cortos en esto, pero Dios nunca falla cuando se trata del cuidado paternal de sus hijos.

Él es el padre Perfecto. Él nos nutre y con amor nos otorga la naturaleza de su Hijo conforme lo buscamos de todo corazón. Él es el Padre perfecto y el ejemplo perfecto, y él es de quien todo padre sobre la tierra deriva su nombre. Que la gloria sea para el Dios y Padre que nos creó para ser suyos.

PROMESAS

Pero, si a ustedes les parece mal servir al Señor, elijan ustedes mismos a quiénes van a servir: a los dioses que sirvieron sus antepasados al otro lado del río Éufrates, o a los dioses de los amorreos, en cuya tierra ustedes ahora habitan. Por mi parte, mi familia y yo serviremos al Señor.

Josué 24:15 NVI

Ellos dijeron: Cree en el Señor Jesucristo,
y serás salvo, tú y tu casa.

HECHOS 16:31 RVR60

Trayendo a la memoria la fe no fingida que hay en ti, la
cual habitó primero en tu abuela Loida, y en tu madre
Eunice, y estoy seguro que en ti también.

2 TIMOTEO 1:5 RVR60

Ninguno que es nacido de Dios practica el pecado,
porque la simiente de Dios permanece en él;
y no puede pecar, porque es nacido de Dios.

1 JUAN 3:9 LBLA

La religión pura y sin mácula delante de Dios el Padre
es esta: Visitar a los huérfanos y a las viudas en sus
tribulaciones, y guardarse sin mancha del mundo.

SANTIAGO 1:27 RVR60

Por lo tanto, ustedes ya no son extraños ni extranjeros,
sino conciudadanos de los santos y miembros
de la familia de Dios.

EFESIOS 2:19 NVI

Se asegura que los huérfanos y las viudas reciban
justicia. Les demuestra amor a los extranjeros que viven
en medio de ti y les da ropa y alimentos.

DEUTERONOMIO 10:18 NTV

Pero si sufre por ser cristiano, no debe avergonzarse,
sino alabar a Dios por llevar ese nombre.

1 PEDRO 4:16 DHH

Pues no habéis recibido el espíritu de esclavitud para estar otra vez en temor, sino que habéis recibido el espíritu de adopción, por el cual clamamos: ¡Abba, Padre! El Espíritu mismo da testimonio a nuestro espíritu, de que somos hijos de Dios.

ROMANOS 8:15, 16 RVR60

ORACIÓN

Padre, tú eres mi Padre celestial. No me has dado un espíritu de esclavitud que me conduzca al temor, sino que me has adoptado como parte de tu familia.

Me creaste para ser tu hijo, formándome en el vientre de mi madre. Qué gran amor me has dado. Antes de nacer, tú ya tenías grandes planes para mi vida. Gracias, Padre, por aceptarme en tu familia. El día de hoy, le doy la espalda al pecado y elijo servirte a ti como mi Padre celestial y seguir a tu Hijo, Jesús.

Bendigo a mi propia familia. Los perdono por las formas en las que no fueron para mí un ejemplo de tu corazón. Perdóname por no hacer mi parte para tener una familia que te honre. Haz que estén bien las cosas en nuestras relaciones. Sánanos y ayúdanos a ser la familia que tú deseas que seamos.

Temor

El espíritu más común en nuestro mundo hoy día, y que continuamente busca adherirse a la gente, es el espíritu de temor. Este mundo proporciona muchas oportunidades para que la gente pierda el equilibrio emocional. Hay muchas amenazas para nuestras familias, finanzas, amigos, hijos y empleos, y el espíritu de temor está listo para aprovecharse de nuestros miedos. Además de estos factores se encuentran todos los acontecimientos traumáticos que llegan a nuestras vidas para herirnos y para dar oportunidad al enemigo de explotarlas.

A través de varios ejemplos en la Biblia, aprendemos que Dios no quiere que su pueblo tenga temor. En vez de ello, se nos anima a dejarnos asombrar por Dios, y a confiar en que él hará que todo obre para su gloria y para nuestro bien. En vez de sujetarnos al espíritu de temor por lo que vemos con nuestros ojos físicos, debemos levantarnos en el poder de Cristo y la autoridad de Jesús, y desplazar al miedo con la fe que Dios ha puesto en lo más profundo de nuestro ser. Dios es nuestro refugio y nuestra fortaleza; nos ha dado el poder para vencer el temor que intenta atormentarnos.

A través de Cristo podemos vencer al temor y caminar en el poder, la autoridad y el valor que Dios nos ha dado. Dios no nos ha dado un espíritu de temor, sino de poder, amor y dominio propio. El temor no tiene hoy lugar en nuestras vidas.

PROMESAS

No tengas miedo, porque yo estoy contigo;
no te desalientes, porque yo soy tu Dios.
Te daré fuerzas y te ayudaré;
te sostendré con mi mano derecha victoriosa.

Isaías 41:10 ntv

Dios es nuestro amparo y nuestra fortaleza,
nuestra ayuda segura en momentos de angustia.

Salmos 46:1 nvi

Porque no nos ha dado Dios espíritu de cobardía,
sino de poder, de amor y de dominio propio.

2 Timoteo 1:7 rvr60

En esa clase de amor no hay temor, porque el amor
perfecto expulsa todo temor. Si tenemos miedo es
por temor al castigo, y esto muestra que no hemos
experimentado plenamente el perfecto amor de Dios.

1 Juan 4:18 ntv

Jehová es mi luz y mi salvación; ¿de quién temeré?
Jehová es la fortaleza de mi vida;
¿de quién he de atemorizarme?

Salmos 27:1 rvr60

Dormirás como un bebé, sano y salvo;
tu descanso será dulce y seguro.

Proverbios 3:24 tlp

... digan a los tímidos: «¡Ánimo, no tengan miedo!
¡Aquí está su Dios para salvarlos,
y a sus enemigos los castigará como merecen!».

Isaías 35:4 DHH

Aunque pase por el valle de sombra de muerte,
no temeré mal alguno,
porque tú estás conmigo;
tu vara y tu cayado me infunden aliento.

Salmos 23:4 LBLA

ORACIÓN

*Dios Padre, perdóname por todas las formas en las que me he
sometido al temor en mi vida. Tú no me has dado un espíritu
de temor, sino de poder, amor y dominio propio. Tú eres mi
refugio y mi fortaleza, y siempre estás conmigo cuando estoy
en problemas.*

*Por causa de tu presencia conmigo, Dios, no temeré
cuando pase por el valle de sombra de muerte. Jesús, debido
a que estoy en ti, no tengo temor, pues el perfecto amor echa
fuera todo temor en mi vida. Dame un corazón que no de
espacio a temor alguno.*

Finanzas

La imaginación que Dios le concedió a los seres humanos ha inspirado la creación de millones de bienes que son útiles en actividades diarias, en la comunicación, al viajar, y en los ingresos. Dios verdaderamente nos dio la capacidad de generar riqueza para que pudiéramos satisfacer nuestras necesidades personales y también para ayudar a los demás y apoyar financieramente al evangelio.

La riqueza no es para acumularse o enterrarse. Es para utilizarla en el avance de su obra en la tierra. La riqueza requiere de trabajo, sabiduría y más trabajo y más sabiduría a lo largo de toda la vida. Si tenemos problemas con las finanzas, necesitamos recordar que Dios es la fuente de todas las cosas en la vida. Si él nos dio a Jesucristo —quien es el mayor de todos los dones—, también proveerá todo lo que necesitamos en la vida.

PROMESAS

Así que mi Dios les proveerá de todo lo que necesiten,
conforme a las gloriosas riquezas
que tiene en Cristo Jesús.

"No os afanéis, pues, diciendo: ¿Qué comeremos, o
qué beberemos, o qué vestiremos? Porque los gentiles
buscan todas estas cosas; pero vuestro Padre celestial
sabe que tenéis necesidad de todas estas cosas. Mas
buscad primeramente el reino de Dios y su justicia, y
todas estas cosas os serán añadidas".

Las riquezas ganadas rápidamente se
despilfarran rápidamente: ¡fácil llegan, fácil se van!
Pero, si te haces rico poco a poco, las verás crecer.

Pero esto digo: El que siembra escasamente, también
segará escasamente; y el que siembra generosamente,
generosamente también segará. Cada uno dé como
propuso en su corazón: no con tristeza, ni por necesidad,
porque Dios ama al dador alegre. Y poderoso es Dios
para hacer que abunde en vosotros toda gracia, a fin
de que, teniendo siempre en todas las cosas todo lo
suficiente, abundéis para toda buena obra.

Glorifica a Dios con todas tus riquezas, honrándolo con
lo mejor que tengas, con cada incremento que te llegue.
¡Entonces cada dimensión de tu vida rebosará de
bendiciones de una fuente incontenible
de alegría interior!

PROVERBIOS 3:9, 10 TLP

ORACIÓN

*Padre, tú eres la fuente de todas las cosas. Mi oración es que,
conforme te rindo honor con mi riqueza y con las primicias
de todos mis aumentos, tú harás que mis graneros se llenen y
rebosen con abundancia.*

*Padre, quiero ayudar a los demás y ofrendar para tu
obra. Dame un corazón generoso y elimina toda perspectiva
de pobreza de mi forma de pensar. Ayúdame a ver las
finanzas de la forma que lo haces tú y a ser buen mayordomo
de lo que has puesto bajo mi cuidado.*

*Gracias porque me provees de cada bendición en
abundancia de modo que, teniendo siempre suficiente de
todas las cosas, yo pueda compartir con abundancia en
toda buena obra. Muéstrame lo que necesito proveer para mi
familia y para mí mismo. Dame tu sabiduría para manejar
bien mis recursos.*

Perdón

El pecado es un acto en contra de la voluntad de Dios, o todo lo que interfiera o dañe una relación con Dios. La Biblia enseña que la paga del pecado es muerte. Sin embargo, Dios sabía desde antes de la fundación del mundo que su creación no seguiría todas las reglas y normas que él requería. En su gran amor, proporcionó una ruta de escape, una forma de redención a través de su Hijo Jesucristo. Su hijo pagó el precio por nuestro pecado al dar su vida como sacrificio vivo, sufriendo una brutal muerte en la cruz. Nada que podamos hacer superará ese acto de amor puro. Y nada que hagamos jamás hará que Dios nos dé la espalda si nos acercamos a él con un corazón humilde solicitando su gracia y misericordia.

El estudio de las Escrituras proporciona gran sabiduría y nos ofrece una perspectiva respecto a cómo lidiar con el problema y los efectos del pecado. La Biblia enseña que, si confesamos nuestros pecados, Dios es fiel y justo para perdonarnos y limpiarnos de nuestra injusticia. La Biblia nos enseña que perdonar a los demás es esencial para nuestro bienestar y y también para recibir el perdón que necesitamos de Dios.

Hoy es el día para permitir que el perdón proporcione libertad a nuestras vidas. Pedimos el perdón de Dios y pedimos a otros que nos perdonen. Y después perdonamos a otros. Le ofrecemos a Dios nuestro dolor e injusticias y le rogamos que él se encargue de arreglar todas las cosas.

PROMESAS

Dios es tan rico en gracia y bondad que compró
nuestra libertad con la sangre de su Hijo
y perdonó nuestros pecados.

EFESIOS 1:7 NTV

Como está de lejos el oriente del occidente,
así alejó de nosotros nuestras transgresiones.

SALMOS 103:12 LBLA

"Y cuando estéis orando, perdonad, si tenéis algo contra
alguno, para que también vuestro Padre que está en los
cielos os perdone a vosotros vuestras ofensas".

MARCOS 11:25 RVR60

"Porque, si perdonan a otros sus ofensas, también los
perdonará a ustedes su Padre celestial".

MATEO 6:14 NVI

Por cuanto todos pecaron, y están destituidos de la gloria
de Dios, siendo justificados gratuitamente por su gracia,
mediante la redención que es en Cristo Jesús.

ROMANOS 3:23, 24 RVR60

Antes ustedes estaban muertos a causa de su desobediencia y sus muchos pecados. [...] Todos vivíamos así en el pasado, siguiendo los deseos de nuestras pasiones y la inclinación de nuestra naturaleza pecaminosa. Por nuestra propia naturaleza, éramos objeto del enojo de Dios igual que todos los demás. Pero Dios es tan rico en misericordia y nos amó tanto que, a pesar de que estábamos muertos por causa de nuestros pecados, nos dio vida cuando levantó a Cristo de los muertos. (¡Es solo por la gracia de Dios que ustedes han sido salvados!)

EFESIOS 2:1, 3–5 NTV

ORACIÓN

Padre, tú eres rico en misericordia, bondad y gracia. Perdóname por pecar contra ti y contra otros en mi entonrno. Recibo el perdón que tú otorgas. Límpiame por completo de mi pasado y hazme pleno. Solamente tú me amas lo suficiente para proveer una vía de escape de la muerte y darme vida nueva. Gracias por tu sacrificio, Señor.

También he guardado rencor en contra de otros y necesito perdonarlos para yo ser libre. Les perdono y te pido que me sanes del dolor que causaron estas situaciones. Lo dejo todo bajo tu cuidado y te pido que arregles todas las cosas.

Gracias por tu perdón, por tu amor y por tu redención. Tan lejos como se encuentra el Este del Oeste, así has removido mis pecados de mí. Te lo agradezco.

Libertad

Dios nos da libertad de elección. En ocasiones, decidimos utilizar nuestra libertad para seguir a Jesús; en otras ocasiones seguimos nuestra propia voluntad, nuestros propios caminos y nos convertimos en esclavos del mundo.

Debemos elegir con cuidado. Elegir una vida en los caminos de Dios nos otorgará gran libertd para experimentar la verdadera vida en Cristo. Jesús no quiere más que estemos atados a una naturaleza pecaminosa o a los caminos del enemigo, sino que experimentemos una vida nueva y profunda en él.

Dios tiene libertad para nosotros. Libertad del pecado, de las adicciones, del odio, del dolor, de la aflicción, de la depresión, de la ira o de cualquier cosa que nos tenga atados. La Biblia enseña que fue para libertad que Jesús nos liberó.

Somos más que vencedores a través de Jesús, quien nos ama.

PROMESAS

Antes, en todas estas cosas somos más que vencedores por medio de aquel que nos amó. Por lo cual estoy seguro de que ni la muerte, ni la vida, ni ángeles, ni principados, ni potestades, ni lo presente, ni lo por venir, ni lo alto, ni lo profundo, ni ninguna otra cosa creada nos podrá separar del amor de Dios, que es en Cristo Jesús Señor nuestro.

ROMANOS 8:37–39 RVR60

"Cuando continúen abrazando todo lo que yo enseño, demostrarán que son mis verdaderos seguidores. Porque si ustedes abrazan la verdad, ella liberará verdadera libertad en sus vidas".

JUAN 8:31, 32 TLP

Hermanos, ¡escuchen! Estamos aquí para proclamar que, por medio de este hombre Jesús, ustedes tienen el perdón de sus pecados. Todo el que cree en él es declarado justo ante Dios, algo que la ley de Moisés nunca pudo hacer.

HECHOS 13:38, 39 NTV

Por lo tanto, ya no hay ninguna condenación para los que están unidos a Cristo Jesús, pues por medio de él la ley del Espíritu de vida me ha liberado de la ley del pecado y de la muerte.

ROMANOS 8:1, 2 NVI

El cual nos ha librado de la potestad de las tinieblas, y trasladado al reino de su amado Hijo.

COLOSENSES 1:13 RVR60

Porque el Señor es el Espíritu; y donde está el
Espíritu del Señor, allí hay libertad.

2 Corintios 3:17 rvr60

Dios es tan rico en gracia y bondad que
compró nuestra libertad con la sangre de su Hijo
y perdonó nuestros pecados.

Efesios 1:7 ntv

ORACIÓN

*Gracias, Padre, por tu gran sabiduría al ofrecerme libre albedrío.
Ayúdame a decidirme por ti cada día. Sé que las reglas no me
liberan de mi pecado y que únicamente tu sacrificio en la cruz del
Calvario es suficiente.*

*Dios, quiero conocer la verdad y ser libre para experimentar
tu gloriosa libertad. Gracias por comprarla con tu sangre. Creo en
ti y busco vivir mi vida de acuerdo con tu Palabra.*

*Perdóname por todas las maneras en las que no he confiado
que tú eres un Dios de libertad. Te pido que me ayudes a vivir
en la libertad que solo tú puedes dar. Lléname con tu Espíritu
Santo y ayúdame a no quedar esclavizado más a los caminos del
mundo. Quiero experimentar vida abundante y verdadera en ti.*

*Por tu gracia y con tu fortaleza caminaré en la libertad que
solo tú puedes dar.*

Aflicción

Todos hemos experimentado el dolor o una pérdida, lo que ha causado aflicción en nuestras vidas. La aflicción puede provenir de muchas fuentes: la muerte de un ser querido, la pérdida de algo importante, una separación, la pérdida del trabajo, desastres, robo, accidentes y mucho más. Donde sea que haya aflicción o pérdida, ahí habrá trauma.

La aflicción es una respuesta natural a la pérdida. Dios desea que experimentemos dolor de modo que podamos asimilar y luego sanar de las consecuencias de la pérdida. En medio de la aflicción, Dios se acerca a nosotros. Dios nos proporciona consuelo, y nos da esperanza y paz en medio de nuestra aflicción. Y no únicamente eso. La Biblia contiene promesas respecto a que Dios quitará toda lágrima y hará que mejoren nuestras circunstancias.

Dios puede ver nuestra pérdida y conoce nuestro dolor. Él es nuestro consuelo y paz. Lo buscamos para que nuestros corazones vuelvan a ser plenos otra vez.

PROMESAS

Que nuestro Señor Jesucristo mismo y Dios nuestro
Padre, quien nos amó y por su gracia nos dio consuelo
eterno y una esperanza maravillosa, los conforten y
fortalezcan en todo lo bueno que ustedes hagan y digan.

2 Tesalonicenses 2:16, 17 NTV

Y volverán los rescatados por el Señor,
y entrarán en Sión con cantos de alegría,
coronados de una alegría eterna.
Los alcanzarán la alegría y el regocijo,
y se alejarán la tristeza y el gemido.

Isaías 35:10 NVI

A todos los que se lamentan en Israel
les dará una corona de belleza en lugar de cenizas,
una gozosa bendición en lugar de luto,
una festiva alabanza en lugar de desesperación.
Ellos, en su justicia, serán como grandes robles
que el Señor ha plantado para su propia gloria.

Isaías 61:3 NTV

Pero tú ves la opresión y la violencia,
las tomas en cuenta y te harás cargo de ellas.
Las víctimas confían en ti;
tú eres la ayuda de los huérfanos.

Salmos 10:14 NVI

Que sea tu gran amor mi consuelo,
conforme a la promesa que hiciste a tu siervo.

Salmos 119:76 NVI

ORACIÓN

Padre, estoy en medio del dolor y experimentando aflicción.
En este dolor, te invito a que seas el Dios de todo consuelo.
Fortaléceme. Acércate a mí y dame esperanza. Ayúdame a
caminar a través de esta aflicción, sáname y, en tu tiempo,
cámbiala y lléname de tu eterno gozo y esperanza.

Le quito el poder a cualquier aflicción impía y en
tu nombre le ordeno al trama y a todos sus efectos que
desaparezcan, en tu nombre, para nunca regresar.
Jesús, sana cada área de mi vida que ha sido afectada
negativamente. La aflicción no tendrá poder sobre mí. Tanto
el dolor como los suspiros de aflicción se alejan ahora de mí;
ya no se apoderarán de mi gozo y felicidad eternas.

Dios, todo está en tus capaces manos. Te ruego que me
des oportunidades para consolar a otros con el consuelo que
recibo de ti.

Dirección

Nuestro Padre celestial proporciona todo el conocimiento, la sabiduría y la guía que necesitamos para vivir de acuerdo a su Palabra y a su buen plan. Debemos confiar en él y escuchar su voz en nuestra vida cotidiana. Él conoce el pasado y lo que ha de venir, y nos lo comunica con libertad cuando buscamos su guía.

Todos experimentamos circunstancias en las que necesitamos oír de Dios, dejar que nos guíe sobre qué decisiones tomar, y confiar que él sabe conducir nuestros pasos para su gloria. Ya sea que nos enfrentemos a decisiones respecto a cuestiones médicas, la crianza de nuestros hijos, o la aceptación o rechazo de una oferta específica de trabajo, necesitamos que Dios nos guíe. No servimos a un Dios que no esté interesado en nuestras vidas; más bien, servimos a un Dios que quiere estar activamente involucrado en cada decisión que tomamos.

No importa qué decisiones debemos tomar y hemos tomado el día de hoy: sabemos que Dios está de nuestro lado y que su guía es inestimable. Él tiene respuestas a toda situación. El día de hoy, nos conectamos a su sabiduría y escuchamos su voz.

PROMESAS

Confía plenamente en el Señor, y no te apoyes en tus
propias opiniones. Confía en él de corazón para que
te guíe, y te dirigirá en cada decisión que tomes.
Busca la intimidad con él en cualquier cosa que hagas,
y él te guiará donde quiera que vayas.

PROVERBIOS 3:5, 6 TLP

Yo te instruiré,
yo te mostraré el camino que debes seguir;
yo te daré consejos y velaré por ti.

SALMOS 32:8 NVI

El SEÑOR dirige los pasos de los justos;
se deleita en cada detalle de su vida.
Aunque tropiecen, nunca caerán,
porque el SEÑOR los sostiene de la mano.

SALMOS 37:23, 24 NTV

Ya sea que te desvíes a la derecha o a la izquierda, tus
oídos percibirán a tus espaldas una voz que te dirá:
«Este es el camino; síguelo».

ISAÍAS 30:21 NVI

El SEÑOR Soberano me ha dado sus palabras de sabiduría,
para que yo sepa consolar a los fatigados.
Mañana tras mañana me despierta
y me abre el entendimiento a su voluntad.

ISAÍAS 50:4 NTV

Escúchame, hijo mío, porque sé de qué hablo.
Escucha atentamente mi consejo para que la sabiduría y
el discernimiento entren en tu corazón, y entonces las
palabras que digas expresarán lo que has aprendido.

PROVERBIOS 5:1, 2 TLP

ORACIÓN

*Gracias Padre, por tu guía y sabuduría en mi vida diaria.
Oro que tú dirijas mis pasos, porque sé que te deleitas en cada
detalle de mi vida, no solamente en las grandes decisiones
que tomaré, sino en los más pequeños detalles también.*

*Déjame atender lo que me dices. Confío en ti de todo
corazón y te reconozco en cada detalle. Guía mis pasos y haz
que mi camino sea recto.*

*Gracias, Señor, por el discernimiento para saber la
verdad y actuar con sabiduría de acuerdo a ella. Gracias por
darme la guía que necesito el día de hoy. Confío en que tú,
Señor, me guiarás conforme escuche tu voz.*

Felicidad

Dios es el creador de la felicidad y quiere que su pueblo sea feliz. Esto no sugiere que jamás enfrentaremos dificultades: Jesús dijo que tendríamos pruebas en este mundo. Ser cristianos no nos hace inmunes al sufrimiento. Más bien, Jesús promete darnos la fuerza para soportar nuestro sufrimiento. Y no solo para soportarlo, sino para experimentar su gozo en medio de este. Santiago nos recuerda que podemos experimentar el gozo en medio de nuestras pruebas porque nuestro sufrimiento produce paciencia (Santiago 1:2–4). Aun en medio de nuestras pruebas, podemos ser felices porque Dios nos sostiene y nos fortalece.

El gozo de Dios es nuestra fortaleza. Confiar en su amor elimina las preocupaciones acerca del mundo, haciendo que descansemos en su gozo más que angustiarnos respecto a lo que ocurre en nuestras vidas. Todo lo que tenemos que hacer es pedir que Dios nos conceda su gozo.

Aun en medio del dolor o la pérdida, Dios quiere darnos una vida caracterizada por la gozosa anticipación de que Dios se ocupa de todas las cosas de acuerdo a su buena voluntad.

PROMESAS

Pondrá de nuevo risas en tu boca,
y gritos de alegría en tus labios.
JOB 8:21 NVI

Sí, el SEÑOR ha hecho grandes cosas por nosotros,
y eso nos llena de alegría.
SALMOS 126:3 NVI

Yo sé que nada hay mejor para el hombre que alegrarse
y hacer el bien mientras viva.
ECLESIASTÉS 3:12 NVI

Te alabaré, oh Jehová, con todo mi corazón;
Contaré todas tus maravillas.
Me alegraré y me regocijaré en ti;
Cantaré a tu nombre, oh Altísimo.
SALMOS 9:1, 2 RVR60

Regocijaos en el Señor siempre.
Otra vez digo: ¡Regocijaos!
FILIPENSES 4:4 RVR60

Porque el reino de Dios no es comida ni bebida, sino
justicia, paz y gozo en el Espíritu Santo.
ROMANOS 14:17 RVR60

Luego les dijo: Id, comed grosuras, y bebed vino dulce,
y enviad porciones a los que no tienen nada preparado;
porque día santo es a nuestro Señor; no os entristezcáis,
porque el gozo de Jehová es vuestra fuerza.
NEHEMÍAS 8:10 RVR60

ORACIÓN

Padre, quiero ser feliz con el gozo que solo tú puedes dar.
Cuando sufra, me regocijaré en tus promesas. Acepto tu gozo y
felicidad el día de hoy. Permite que mi vida se caracterice por
una gozosa anticipación de que te ocupas de todas las cosas
de acuerdo a tu voluntad y que haces que todo se torne en
algo bueno para mí.

Señor, tú has hecho grandes cosas por mí. Tú me amas
y eres fiel. Ayúdame a recordar cómo has sido fiel en mi vida
y permite que el recuerdo de esos hechos produzca deleite en
mi corazón, y el cual que me sostenga cuando deba pasar
tiempos de sufrimiento.

Llena mi boca con risa y mis labios con gritos de júbilo.

Salud

Dios se deleita en nuestra fe y le encanta demostrar su poder en nuestras vidas. Ama que tengamos una dependencia consciente de él, y que clamemos a él cada vez que estemos en medio de nuestro dolor, enfermedad y debilidad. Todos nuestros problemas terrenales son oportunidades para recibir el amor de Dios y ver cómo demuestra su poder en nuestras vidas. Solo Dios es plenamente capaz de tornar cualquier situación en algo bueno, dándonos la fuerza para vencer. Somos sus hijos y dependemos solamente de él como nuestro Creador y nuestro sustentador.

Jesús demostró continuamente su poder sobre la enfermedad durante su vida y ministerio. Aun cuando en este momento Jesús se encuentra a la derecha del Padre, él es el mismo ayer, hoy y por siempre. El Jesús que caminó sobre la tierra hace dos mil años es el mismo Dios que está con nosotros a través del poder del Espíritu Santo, demostrando el mismo poder milagroso en la vida de la gente.

Dios es capaz de sanar, fortalecer y brindar salud en cada área de nuestras vidas. No importa qué problema de salud enfrentemos hoy, podemos volvernos a Dios y rogarle que demuestre su poder.

PROMESAS

Él fue traspasado por nuestras rebeliones,
y molido por nuestras iniquidades;
sobre él recayó el castigo, precio de nuestra paz,
y gracias a sus heridas fuimos sanados.

<small>Isaías 53:5 NVI</small>

"Hija, tu fe te ha sanado; vete en paz
y queda sana de tu aflicción".

<small>Marcos 5:34 LBLA</small>

Y recorrió Jesús toda Galilea, enseñando en las sinagogas
de ellos, y predicando el evangelio del reino, y sanando
toda enfermedad y toda dolencia en el pueblo.
Y se difundió su fama por toda Siria; y le trajeron todos
los que tenían dolencias, los afligidos por diversas
enfermedades y tormentos, los endemoniados,
lunáticos y paralíticos; y los sanó.

<small>Mateo 4:23, 24 RVR60</small>

Se le acercaron grandes multitudes que llevaban cojos,
ciegos, lisiados, mudos y muchos enfermos más, y los
pusieron a sus pies; y él los sanó. La gente se asombraba
al ver a los mudos hablar, a los lisiados recobrar la salud,
a los cojos andar y a los ciegos ver.
Y alababan al Dios de Israel.

<small>Mateo 15:30, 31 NVI</small>

Me refiero a Jesús de Nazaret: cómo lo ungió Dios con el
Espíritu Santo y con poder, y cómo anduvo haciendo el
bien y sanando a todos los que estaban oprimidos por el
diablo, porque Dios estaba con él.

HECHOS 10:38 NVI

Bendice, alma mía, a Jehová,
Y no olvides ninguno de sus beneficios.
El es quien perdona todas tus iniquidades,
El que sana todas tus dolencias.

SALMOS 103:2, 3 RVR60

ORACIÓN

*Señor, te agradezco que siempre estás dispuesto y eres capaz
de sanar. Atesoro tus palabras en mi corazón, sabiendo que
dan vida y salud a mi cuerpo físico. Demuestra tu poder a
través de mi problema de salud y revélate a mí y a los demás
en gran manera.*

*Tú puedes sanar cualquier dolencia. Nada es demasiado
difícil para ti. Soy sanado por causa de las heridas que tú
soportaste. Padre, restáurame, en cuerpo, mente, alma y
espíritu, de acuerdo a tu diseño original. Te alabo por tus
maravillosas bondades para mí.*

*Declaro completa sanidad y continua salud divina
sobre mí el día de hoy, confiando que tú estás dispuesto y eres
capaz de sanarme.*

Esperanza

La esperanza es la fuerza conductora que nos inspira a dar el siguiente paso hacia adelante. Lo que queremos rara vez ocurre de acuerdo a nuestro calendario y, con todo, Dios coloca una expectativa esperanzadora frente a nosotros, lo que hace que sepamos que lo que pedimos ocurrirá en algún momento del futuro.

Quizá estamos esperando que nuestros hijos crezcan en los caminos del Señor o que nuestros cuerpos físicos sean sanados. O quizá esperamos conseguir un trabajo, o que uno de nuestros seres queridos experimente progreso. Sin importar lo que estamos esperando, Dios quiere que la esperanza llene nuestra visión del futuro.

Sin considerar lo que debamos enfrentar el día de hoy, sabemos que hay esperanza: en esta vida y en la próxima. Jesús es el único que restaura nuestra esperanza, concediéndonos una expectativa fiel de que todas sus promesas serán cumplidas en el tiempo que él determine.

PROMESAS

Que el Dios de la esperanza los llene de toda alegría y paz
a ustedes que creen en él, para que rebosen de esperanza
por el poder del Espíritu Santo.

ROMANOS 15:13 NVI

El levanta del polvo al pobre,
Y del muladar exalta al menesteroso,
Para hacerle sentarse con príncipes y heredar un sitio de
honor. Porque de Jehová son las columnas de la tierra,
Y él afirmó sobre ellas el mundo.

1 SAMUEL 2:8 RVR60

Bueno es el SEÑOR con quienes en él confían,
con todos los que lo buscan.

LAMENTACIONES 3:25 NVI

Pero los que confían en el SEÑOR renovarán sus fuerzas;
volarán como las águilas: correrán y no se fatigarán,
caminarán y no se cansarán.

ISAÍAS 40:31 NVI

Se complace Jehová en los que le temen,
Y en los que esperan en su misericordia.

SALMOS 147:11 RVR60

Y esta esperanza no nos defrauda, porque Dios ha
derramado su amor en nuestro corazón por el Espíritu
Santo que nos ha dado.

ROMANOS 5:5 NVI

Alma mía, en Dios solamente reposa,
Porque de él es mi esperanza.

SALMOS 62:5 RVR60

ORACIÓN

Padre, mi esperanza es en ti y solamente en ti. Te agradezco que eres bueno con aquellos cuya esperanza eres tú, con quienes buscan tu rostro. Dios, busco tu rostro el día de hoy y te ruego que restaures la esperanza que necesito en lo más profundo de mi alma.

Perdóname por creer que tus promesas no se cumplirán. Rechazo el desánimo, la depresión, el letargo, la tristeza, la decepción y todo trauma que pueda estorbar mi capacidad para ver tu puerta de esperanza preparada para mí.

Oro porque tú, el Dios de toda esperanza, me llenes con todo gozo y paz conforme confío en ti, de modo que pueda rebosar con esperanza por causa de tu poder. Que la esperanza alimente mi valentía y me haga dar el siguiente paso en mi jornada a través de la vida contigo. Me deleito en ti, Señor Jesús.

Identidad

Dios nos elige. Él quiere que pertenezcamos a su familia para vivir con él para siempre. Él nos declaró suyos, nos elevó y nos promovió a ser parte de su familia real. Y desea obrar a través de nosotros para propagar su Palabra al mundo.

Nacimos en la oscuridad y en el pecado. Pero cuando Jesús entró a nuestros corazones y nos convertimos en parte de la familia real, fuimos trasladados para estar bajo la maravillosa luz y el gozo de Dios, y ahora nos sentamos con él en los lugares celestiales.

No deberíamos rechazar o negar lo que Dios hizo de nosotros o lo que el Padre quiere hacer por su familia. Podemos entrar en nuestro destino como sus hijos el día de hoy, sabiendo que el ser adoptados en su familia nos convierte en hijos e hijas apartados para sus buenos propósitos. El mundo de nuestra herencia natural ya no define quiénes somos; más bien, quedamos definidos por la familia de Dios y por nuestra identidad en Cristo Jesús, nuestro Señor.

PROMESAS

Miren con cuánto amor nos ama nuestro Padre que nos llama sus hijos, ¡y eso es lo que somos! Pero la gente de este mundo no reconoce que somos hijos de Dios, porque no lo conocen a él. Queridos amigos, ya somos hijos de Dios, pero él todavía no nos ha mostrado lo que seremos cuando Cristo venga; pero sí sabemos que seremos como él, porque lo veremos tal como él es.

1 JUAN 3:1, 2 NTV

Pues no habéis recibido el espíritu de esclavitud para estar otra vez en temor, sino que habéis recibido el espíritu de adopción, por el cual clamamos: ¡Abba, Padre! El Espíritu mismo da testimonio a nuestro espíritu, de que somos hijos de Dios.

ROMANOS 8:15, 16 RVR60

De modo que si alguno está en Cristo, nueva criatura es; las cosas viejas pasaron; he aquí todas son hechas nuevas. Y todo esto proviene de Dios, quien nos reconcilió consigo mismo por Cristo, y nos dio el ministerio de la reconciliación.

2 CORINTIOS 5:17, 18 RVR60

Pero ustedes no son así porque son un pueblo elegido. Son sacerdotes del Rey, una nación santa, posesión exclusiva de Dios. Por eso pueden mostrar a otros la bondad de Dios, pues él los ha llamado a salir de la oscuridad y entrar en su luz maravillosa.

1 PEDRO 2:9 NTV

A pesar de todo, el fundamento de Dios es sólido y se mantiene firme, pues está sellado con esta inscripción: «El Señor conoce a los suyos», y esta otra: «Que se aparte de la maldad todo el que invoca el nombre del Señor».

2 TIMOTEO 2:19 NVI

ORACIÓN

Padre, gracias por tu don generoso de adoptarme para formar parte de tu familia. Gracias por hacerme parte de tu reino. Ayúdame a vivir mi identidad divina.

Perdóname por olvidar quién soy en ti y por rechazarme a mí mismo. El día de hoy, declaro que viviré de acuerdo a la identidad de un hijo o hija de Dios. Ya no seré definido por este mundo o por mi linaje familiar natural; seré definido por tu amor puesto sobre mí.

Gracias por establecer tu amor sobre mí y elegirme para ser parte de tu familia.

Justicia

Ya sea que podamos expresarlo o no, todos poseemos un sentido de justicia en lo profundo de nuestro ser. Cuando escuchamos acerca de cosas horribles que alguien le hizo al inocente, no pensamos que esa persona simplemente debería ser perdonada y dejarla continuar con su vida. Algo dentro de nosotros se levanta y quiere ver que se hace justicia. Es posible que queramos que el amor de Dios toque a cada persona, incluso a aquellas que han hecho cosas horribles; pero hay algo todavía que quiere justicia. Somos gente que tiene hambre de justicia.

La Biblia presenta a Dios como un Dios de justicia. De hecho, el deseo que tenemos de ver justicia en el mundo proviene de ser hechos a imagen de Dios. Jesús fue un hombre que vino a la tierra y demostró la justicia: hizo justicia al pobre e hizo decisiones justas para el que sufría explotación.

Si se cometió alguna injusticia contra nosotros, sabemos que el deseo por obtener justicia fue colocado ahí por Dios, y él es el que hará justicia el día final. Dios nos dice que no tomemos represalias por lo que nos hayan hecho, sino que confiemos en él porque prometió que la venganza sobre todos nuestros enemigos sería suya. Este día, podemos confiar en la justicia de Dios.

PROMESAS

Él se deleitará en obedecer al Señor;
no juzgará por las apariencias ni tomará decisiones
basadas en rumores. Hará justicia a los pobres y tomará
decisiones imparciales con los que son explotados.
La tierra temblará con la fuerza de su palabra, y bastará
un soplo de su boca para destruir a los malvados.
Llevará la justicia como cinturón
y la verdad como ropa interior.
ISAÍAS 11:3–5 NTV

Yo sé que el Señor hace justicia a los pobres
y defiende el derecho de los necesitados.
SALMOS 140:12 NVI

Justicia y juicio son el cimiento de tu trono;
Misericordia y verdad van delante de tu rostro.
SALMOS 89:14 RVR60

No os venguéis vosotros mismos, amados míos, sino
dejad lugar a la ira de Dios; porque escrito está:
Mía es la venganza, yo pagaré, dice el Señor.
ROMANOS 12:19 RVR60

Aprended a hacer el bien; buscad el juicio, restituid al
agraviado, haced justicia al huérfano, amparad a la viuda.
ISAÍAS 1:17 RVR60

ORACIÓN

Padre, gracias porque eres un Dios de justicia. Tú defiendes al pobre, tomas decisiones justas y anhelas demostrar tu justicia en la tierra. Ayúdame a tener tu sentido de justicia por cosas específicas que veo en mi entorno el día de hoy, y ayúdame a saber que tú eres el que cobrará venganza por todas las injusticias del mundo.

Dejo en tus manos las ofensas, las injusticias, los delitos y los pecados que se han cometido en mi contra y en contra de mis seres queridos. Confío en que tú arreglarás todas las cosas. Tú aseguras la justicia para el pobre y defiendes la causa del necesitado.

Sáname de las heridas causadas por la injusticia y facúltame para hacer el bien, buscar la justicia, corregir la opresión y hacer justicia al huérfano y a la viuda. Ayúdame a abrazar tu justicia en mi propia vida, y luego buscar también la justicia de Dios en las vidas de los demás.

Vida

La vida misma proviene de Dios. La Bible dice que él creó todas las cosas, pronunció su palabra para que todo existiera y todo se mantiene unido por su continua voz: todo subsiste por causa de su poder. Fue él quien planeó nuestras vidas, al igual que nuestro futuro. Aunque nuestra jornada no sea tranquila y fácil, debemos tener fe en que sus planes son lo mejor para nosotros. Tal como los padres y los maestros nos enseñan la forma de manejar la vida, Dios utiliza nuestras experiencias para guiar o redirigir nuestras vidas.

Por medio de Jesús, no solamente vivimos, sino renacemos a una nueva vida con él. En ocasiones, se describe esta experiencia como *nacer de nuevo*. Jesús vive en nuestros corazones y él nos otorga gratuitamente su Espíritu para ayudarnos. La mayoría explicará que, desde que aceptaron a Jesús pidiéndole que limpiara su pecado y les perdonara las equivocaciones que han cometido, se sienten como una nueva persona.

Repentinamente ven las cosas distinto, entienden más y su capacidad de perdonar y amar es enormemente amplificada. Nuestra relación con Jesús y nuestra fe en él no solo nos ayudan a través de la vida terrenal, sino que también nos permitirán disfrutar la vida eterna con él cuando se acabe nuestro tiempo en esta tierra.

PROMESAS

"Un ladrón solo tiene una cosa en mente: quiere robar,
matar y destruir. Pero yo he venido a darles todo en
abundancia, más de lo que ustedes esperan:
¡vida en plenitud hasta que rebosen!".

JUAN 10:10 TLP

Porque somos sepultados juntamente con él para muerte
por el bautismo, a fin de que como Cristo
resucitó de los muertos por la gloria del Padre,
así también nosotros andemos en vida nueva.

ROMANOS 6:4 RVR60

Ya que han sido resucitados a una vida nueva con Cristo,
pongan la mira en las verdades del cielo, donde Cristo
está sentado en el lugar de honor, a la derecha de Dios.
Piensen en las cosas del cielo, no en las de la tierra.
Pues ustedes han muerto a esta vida, y su verdadera vida
está escondida con Cristo en Dios.

COLOSENSES 3:1–3 NTV

En esto sabemos que permanecemos en Él y Él
en nosotros: en que nos ha dado de su Espíritu.

1 JUAN 4:13 LBLA

ORACIÓN

Padre, gracias por la vida abundante que hallamos en ti. Mi vida antigua ya no existe; ahora soy una nueva creación. Las cosas pasadas quedaron atrás y todas las cosas son hechas totalmente nuevas.

Rechazo todos los pensamientos que no proporcionan vida, que provienen del enemigo, y que conducen a la destrucción: la falta de confianza, el odio a mí mismo y la autodestrucción. Señor Jesús, recibo tus palabras que dicen que me amas y me aceptas. Ayúdame a caminar en esta novedad de vida.

Gracias, Padre, por llevarme a una nueva vida en Cristo y por ayudarme a fijar la vista en las realidades de la eternidad y del cielo, en donde tú estás en tu trono. Ayúdame a pensar en las cosas de arriba y a abandonar los caminos terrenales. Dios, tú me sustentas y sostienes por el poder vivificador de tu Palabra. Gracias por la vida abundante que tú me has concedido. Hoy declaro una vida nueva y fresca sobre mí.

Soledad

Nos preguntamos, ¿qué es lo que ocasiona que nos sintamos solos? ¿El abandono, el descuido o la indiferencia? Quizás sentimos que los demás no nos entienden. A veces podemos sentirnos solos cuando estamos rodeados de lo nuevo o diferente, y nuestra fuente terrenal de comodidad, protección y amor ya no está al alcance de satisfacer nuestras necesidades.

Con Dios de nuestro lado, no estamos nunca solos, abandonados, o descuidados. Como el pueblo escogido de Dios podemos aceptar el cambio como un desafío, una oportunidad de conocer nuevos amigos y experimentar nuevas aventuras. Todos nos sentimos solos en ocasiones. El mismo Jesús se sintió solo y abandonado mientras colgaba de la cruz. Él es quien prometió estar siempre cerca de nosotros. Nunca nos dejará.

Una vez que sabemos en nuestro corazón que Dios está con nosotros en todo tiempo, podemos darle la bienvenida a los tiempos de silencio y quietud, alejados de nuestras ocupaciones; tiempos en los que se trata solo de Dios y nosotros. En esos momentos especiales, escucharemos su voz y conoceremos su corazón. Con Dios de nuestro lado, nunca tendremos que experimentar nuevamente la soledad.

PROMESAS

El Señor mismo marchará al frente de ti y estará contigo;
nunca te dejará ni te abandonará.
No temas ni te desanimes.

DEUTERONOMIO 31:8 NVI

Los que conocen tu nombre confían en ti,
porque tú, oh Señor, no abandonas a los que te buscan.

SALMOS 9:10 NTV

"Les prometo que no los dejaré desamparados ni los
abandonaré como a huérfanos; ¡volveré a ustedes!".

JUAN 14:18 TLP

Por lo cual estoy seguro de que ni la muerte, ni la vida,
ni ángeles, ni principados, ni potestades, ni lo presente,
ni lo por venir, ni lo alto, ni lo profundo, ni ninguna otra
cosa creada nos podrá separar del amor de Dios,
que es en Cristo Jesús Señor nuestro.

ROMANOS 8:38, 39 RVR60

El Señor está cerca de quienes lo invocan,
de quienes lo invocan en verdad.

SALMOS 145:18 NVI

… he aquí yo estoy con vosotros todos los días,
hasta el fin del mundo.

MATEO 28:20 RVR60

ORACIÓN

Padre, aun cuando la gente pueda desatenderme o abandonarme y me sienta solo, confío en que siempre estás conmigo y nunca me dejas ni me abandonas. Pongo en tus manos mi soledad y me acerco a ti. Resisto la tentación de sentirme rechazado y confirmo que me amas y me aceptas. Tú prometiste que nunca me abandonarás ni me dejarás como a un huérfano.

Te ruego que me hagas sentir tu cercanía todos los días. Ven a mi encuentro con tu presencia cada mañana al momento de abrir mis ojos. Eres un amigo que se queda más cerca que ningún otro en esta tierra. Contigo a mi lado, Dios, nunca me sentiré solo, abandonado o desatendido. Te agradezco que tu presencia siempre está conmigo.

Amor

Puede hablarse del amor de forma muy superficial: amamos un auto, la comida, un atardecer, una película o algún otro objeto o actividad terrenal. Se habla del amor entre las personas incluso de la misma manera: una adolescente ama a su novio, a quien apenas ha conocido por una semana. En ocasiones, nuestro amor es simplemente amar la forma en la que algo o alguien nos hace sentir.

El amor de Dios es mucho muy distinto que el amor del mundo. Su amor es eterno, implacable e incondicional. Dios amó tanto a este mundo que envió a Jesús para morir en la cruz aun antes de que le conociéramos, cuando todavía éramos enemigos. Dios demuestra su amor por nosotros al dar a Jesucristo por nosotros mientras estábamos todavía estancados en el pecado. A pesar de nuestra desobediencia, nuestras conductas malvadas y nuestras actividades destructivas, Dios continúa perdonándonos y extendiéndonos su amor.

El amor de Dios es el más grande que experimentaremos jamás. El amor de otros siempre se quedará corto; pero el amor de Dios es constante, persistente y no cambia jamás. Jamás seremos rechazados al correr hacia Dios, pues él siempre nos aceptará tal y como somos cuando nos acercamos a él. Podemos empaparnos de su amor y recibir su sanidad. Su gracia es magnífica y será poderosa en nuestras vidas.

PROMESAS

Sácianos de tu amor por la mañana,
y toda nuestra vida cantaremos de alegría.
SALMOS 90:14 NVI

Tres cosas durarán para siempre: la fe, la esperanza y el
amor; y la mayor de las tres es el amor.
1 CORINTIOS 13:13 NTV

Porque tú, Señor, eres bueno y perdonador,
Y grande en misericordia
para con todos los que te invocan.
SALMOS 86:5 RVR60

Reconoce, por tanto, que el SEÑOR tu Dios es el Dios
verdadero, el Dios fiel, que cumple su pacto generación
tras generación, y muestra su fiel amor a quienes lo
aman y obedecen sus mandamientos.
DEUTERONOMIO 7:9 NVI

Aférrate al amor leal y no lo sueltes, y sé fiel a todo lo que
se te ha enseñado. Que la integridad moldee tu vida,
con la verdad escrita en tu corazón.
PROVERBIOS 3:3 TLP

Y nosotros hemos conocido y creído el amor que
Dios tiene para con nosotros. Dios es amor; y el que
permanece en amor, permanece en Dios, y Dios en él.
1 JUAN 4:16 RVR60

¿Acaso hay algo que pueda separarnos del amor de Cristo? ¿Será que él ya no nos ama si tenemos problemas o aflicciones, si somos perseguidos o pasamos hambre o estamos en la miseria o en peligro o bajo amenaza de muerte?… Claro que no, a pesar de todas estas cosas, nuestra victoria es absoluta por medio de Cristo, quien nos amó.

ROMANOS 8:35, 37 NTV

ORACIÓN

Dios, te ruego que satisfagas mi alma, por la grandeza de tu constante amor por mí. Te pido que la satisfacción de tu amor me haga regocijarme el día de hoy, y superar cualquier déficit de amor que tenga en mi vida. Ayúdame a experimentar tu amor eterno, inextinguible e incondicional, de modo que yo mismo lo pueda dar a quienes me rodean.

No hay nada que me separe de tu amor, Dios. Y hoy me apoyo en la abundancia de tu amor. Tu amor es tan grande que, cuando yo era tu enemigo, enviaste a Jesús a morir por mis pecados en la cruz. Ayúdame a ver y sentir el peso de la inmensidad de tu amor por mí.

Padecimiento Mental

Un padecimiento mental normalmente se define como un trastorno que produce conductas como la esquizofrenia, sicosis, demencia, depresión seria, desorden bipolar, y otras enfermedades mentales que interrumpen y dificultan las actividades cotidianas.

Existen muchas causas de las enfermedades mentales, las cuales incluyen factores genéticos, biológicos, sicológicos y medioambientales. Algunos padecimientos mentales pueden ser causados por el estrés severo vinculado al abuso mental, físico o espiritual. Algunas formas de problemas de comportamiento psicológico están relacionadas con tumores o lesiones cerebrales. De ser posible, es importante aislar la causa que los precipita.

Sin importar la causa del padecimiento mental, Jesús es capaz de sanar cualquier tipo de enfermedad y padecimiento, incluso el padecimiento mental. El día de hoy podemos fijar nuestra mente en él y encontrar su perfecta paz.

PROMESAS

¡Tú guardarás en perfecta paz
a todos los que confían en ti;
a todos los que concentran en ti sus pensamientos!

Isaías 26:3 ntv

No se inquieten por nada; más bien, en toda ocasión,
con oración y ruego, presenten sus peticiones a Dios
y denle gracias. Y la paz de Dios, que sobrepasa todo
entendimiento, cuidará sus corazones
y sus pensamientos en Cristo Jesús.

Filipenses 4:6, 7 nvi

Y no os adaptéis a este mundo, sino transformaos
mediante la renovación de vuestra mente, para que
verifiquéis cuál es la voluntad de Dios:
lo que es bueno, aceptable y perfecto.

Romanos 12:2 lbla

Porque no nos ha dado Dios espíritu de cobardía,
sino de poder, de amor y de dominio propio.

2 Timoteo 1:7 rvr60

Les dejo el don de la paz: mi paz. No el tipo de paz frágil
que da el mundo, sino mi paz perfecta.
No sucumban al miedo ni se turben en sus corazones;
más bien, ¡sean valientes!

Juan 14:27 tlp

Por último, hermanos, consideren bien todo lo
verdadero, todo lo respetable, todo lo justo, todo lo puro,
todo lo amable, todo lo digno de admiración, en fin, todo
lo que sea excelente o merezca elogio.

FILIPENSES 4:8 NVI

Las noticias acerca de él corrieron y llegaron tan lejos
como Siria, y pronto la gente comenzó a llevarle a
todo el que estuviera enfermo. Y él los sanaba a todos,
cualquiera fuera la enfermedad o el dolor que tuvieran,
o si estaban poseídos por demonios,
o eran epilépticos o paralíticos.

MATEO 4:24 NTV

ORACIÓN

*Padre, gracias porque tú te preocupas de mi padecimiento
mental. Jesús, tú sanaste todo tipo de enfermedades
y padecimientos. Oro por que pueda haber nuevos
descubrimientos en relación a los padecimientos mentales, y
que tú reveles su causa y la forma de tratarlos, para que más
gente pueda sanar.*

*Jesús, acudo a ti para sanar los resultados de cualquier
accidente o lesión que haya causado el padecimiento mental.
En el nombre de Jesús ordeno que se produzcan las sustancias
químicas apropiadas en las cantidades normales que
requiere mi cuerpo. Ordeno que las frecuencias eléctricas y
magnéticas en mi cuerpo estén en equilibrio y armonía, y que*

mi cerebro y todo mi sistema nervioso funcionen tal y como tú diseñaste la operación del cuerpo humano.

Padre, concentro mis pensamientos en ti: en todo lo verdadero, noble, justo, puro, amable, admirable, excelente y digno de alabanza. Ayúdame a manejar bien mi estrés y haz que mi mente esté saludable y sea plena, teniendo la mente de Cristo, de modo que yo pueda pensar de la manera como tú piensas. Oro por la sanidad total, de mente, cuerpo y espíritu.

Nutrición

Durante ciertas temporadas de nuestra vida, damos tanto de nosotros a los demás que terminamos agotados. Podríamos estar trabajando con amigos y creyendo en la restauración de su matrimonio o de su salud física, o podríamos estar agotándonos conforme creemos que Dios cumplirá las promesas que nos ha hecho a nosotros y a nuestra familia. Luchar la batalla de la fe tiene un costo en nosotros y ocasiona que sintamos que hemos llegado a nuestro límite. Y es verdad que no podemos proseguir. Pero es ahí cuando necesitamos depender del Señor para sostenernos y nutrirnos.

Dios prometió suplir para todas nuestras necesidades de acuerdo a sus riquezas. Esto significa que cuando nos sintamos agotados y completamente vacíos, como si no pudiéramos llegar a un día más, podemos confiar en Dios para nutrirnos y sostenernos ahí. De hecho, la Biblia enseña que seremos felices cuando encontremos alimento en las Escrituras.

Si nos sentimos cansados y débidles, podemos volver nuestra vista al Señor, abrir las Escrituras y comenzar a alimentarnos. Dios nos nutrirá conforme nos enfrentamos a las pruebas de la vida con una profunda dependencia en su presencia.

PROMESAS

Mi Dios, pues, suplirá todo lo que os falta conforme
a sus riquezas en gloria en Cristo Jesús.

FILIPENSES 4:19 RVR60

Bienaventurado el varón
que no anduvo en consejo de malos,
Ni estuvo en camino de pecadores,
Ni en silla de escarnecedores se ha sentado;
Sino que en la ley de Jehová está su delicia,
Y en su ley medita de día y de noche.
Será como árbol plantado junto a corrientes de aguas,
Que da su fruto en su tiempo, Y su hoja no cae;
Y todo lo que hace, prosperará.

SALMOS 1:1–3 RVR60

"Mi comida será hacer la voluntad del
que me envió y llevarla a cabo".

JUAN 4:34 TLP

"Vengan a mí todos ustedes que están cansados y
agobiados, y yo les daré descanso. Carguen con mi yugo
y aprendan de mí, pues yo soy apacible y humilde de
corazón, y encontrarán descanso para su alma".

MATEO 11:28, 29 NVI

Los que sembraron con lágrimas, con regocijo segarán.

SALMOS 126:5 RVR60

Así que humíllense ante el gran poder de Dios y, a su
debido tiempo, él los levantará con honor.

1 PEDRO 5:6 NTV

ORACIÓN

Señor, gracias por sostenerme y nutrirme. Estoy cansado, Señor; estoy fatigado y necesito sentir tu fortaleza en mi espíritu. A menudo me siento agotado por dar mucho de mí para las necesidades de los demás e incluso por luchar con mis propias necesidades. Acudo a ti y me alimento de tu Palabra, nútreme con palabras de vida.

Hoy recibo nuevas fuerzas de tu parte. Me deleito en tu Palabra y permito así que le des vida a mis raíces. Nutre mi alma de modo que pueda hacer tu voluntad. Gracias por el descanso que das al poner tu yugo sobre mí. Por causa de ti yo soy como un árbol plantado junto a ríos de agua viva. Mis hojas no caerán y todo lo que haga prosperará para tu gloria.

Alabanza

Es fácil alabar a Dios por las cosas buenas que nos ha dado o por el camino exitoso por el que va nuestra vida. No tenemos inconveniente en alabarle durante las veces que todo está bien: cuando nuestras cuentas bancarias están llenas, nuestra salud es excelente y nuestra relación con él es sólida. Sin embargo, Dios merece la alabanza aun en medio de las tormentas de la vida porque Dios reina, sin importar si la realidad de nuestras vidas lo muestra o no.

El día de hoy, Dios ejerce su poder sobre todo el mundo y podemos responder a su poder y belleza alabándole. ¿Nuestras circunstancias son favorables o estamos luchando porque ocurra algo que nos permita progresar? Sin importar eso, alabemos a Dios. No dejemos que las circunstancias dicten nuestra alabanza. En vez de ello, alabamos la grandeza de Dios en medio de nuestras circunstancias. Alabémoslo hoy con nuestros corazones y nuestros labios, y como resultado de ellos seremos bendecidos.

PROMESAS

¿Por qué te abates, oh alma mía,
Y te turbas dentro de mí?
Espera en Dios; porque aún he de alabarle,
Salvación mía y Dios mío.

SALMOS 42:5 RVR60

Así que, ofrezcamos siempre a Dios, por medio de él,
sacrificio de alabanza, es decir,
fruto de labios que confiesan su nombre.

HEBREOS 13:15 RVR60

Bendice, alma mía, a Jehová,
Y bendiga todo mi ser su santo nombre.
Bendice, alma mía, a Jehová,
Y no olvides ninguno de sus beneficios.
El es quien perdona todas tus iniquidades,
El que sana todas tus dolencias;
El que rescata del hoyo tu vida,
El que te corona de favores y misericordias;
El que sacia de bien tu boca
De modo que te rejuvenezcas como el águila.

SALMOS 103:1–5 RVR60

Bendeciré al SEÑOR en todo tiempo;
mis labios siempre lo alabarán.

SALMOS 34:1 NVI

Cantad a Jehová un nuevo cántico, su alabanza desde el fin de la tierra; los que descendéis al mar, y cuanto hay en él, las costas y los moradores de ellas.

Isaías 42:10 RVR60

ORACIÓN

Dios, acudo a ti el día de hoy a pesar de las circunstancias en las que me encuentro. Declaro que tú eres poderoso y que gobiernas sobre toda la tierra. Eres bueno. Eres justo. Eres perfecto en todo lo que haces y en la forma que lo haces. No hay nadie en el cielo o en la tierra que sea tan grande como tú; tu belleza me asombra. Gracias por tu amor, provisión, bondad y gentileza.

Dame un corazón para alabarte durante cada temporada de mi vida: las buenas y las difíciles. Pon un canto nuevo en mí de modo que pueda ofrecer continuamente un sacrificio de alabanza. Gracias por todo lo que has hecho por mí y por lo que continuarás haciendo. Te ofrezco toda mi alabanza.

Oración

El dolor, la enfermedad y la tragedia en esta vida puede apagar nuestro deseo de hablar con Dios. Posiblemente lo culpamos por lo que ocurrió o clamamos a él y no sentimos que nos haya respondido. O quizá no consideramos que Dios es personal, que realmente quiere que hablemos con él o que le hagamos saber lo que está en nuestros corazones.

La oración simplemente significa comunicarse con Dios. Dado que Dios está en todas partes y ha prometido que nunca nos dejará ni nos abandonará, podemos hablar con él en cualquier momento y en cualquier lugar, de la misma forma que conversaríamos con uno de nuestros mejores amigos.

No se requiere de oraciones largas para que Dios escuche o responda lo que le pedimos. En ocasiones la simple oración "ayúdame" es lo único que podemos pronunciar en el momento de crisis. Dios comprende las palabras no pronunciadas detrás de ese sencillo clamor por ayuda: él conoce los anhelos y las intenciones de nuestros corazones.

Ya sea que busquemos sabiduría, pidamos un milagro, algo muy específico, o simplemente le comuniquemos lo que tenemos en ese momento en mente, debemos conversar con Dios de manera regular. Eso es orar. En la Biblia se nos enseña que Dios nos escucha cuando clamamos a él; y que él responderá.

PROMESAS

"Pidan, y se les dará; busquen, y encontrarán; llamen,
y se les abrirá. Porque todo el que pide, recibe; el que
busca, encuentra; y al que llama, se le abre".

MATEO 7:7, 8 NVI

Oh Jehová, de mañana oirás mi voz;
De mañana me presentaré delante de ti, y esperaré.

SALMOS 5:3 RVR60

Por eso, confiésense unos a otros sus pecados, y oren
unos por otros, para que sean sanados. La oración del
justo es poderosa y eficaz.

SANTIAGO 5:16 NVI

No se preocupen por nada; en cambio, oren por todo.
Díganle a Dios lo que necesitan y denle gracias
por todo lo que él ha hecho.

FILIPENSES 4:6 NTV

Y de la misma manera, también el Espíritu nos ayuda
en nuestra debilidad; porque no sabemos orar como
debiéramos, pero el Espíritu mismo
intercede *por nosotros* con gemidos indecibles.

ROMANOS 8:26 LBLA

Oh Dios, tú eres mi Dios;
yo te busco intensamente.
Mi alma tiene sed de ti;
todo mi ser te anhela,
cual tierra seca, extenuada y sedienta.

SALMOS 63:1 NVI

Y esta es la confianza que tenemos en él, que si pedimos
alguna cosa conforme a su voluntad, él nos oye.
Y si sabemos que él nos oye en cualquiera cosa
que pidamos, sabemos que tenemos
las peticiones que le hayamos hecho.

1 Juan 5:14, 15 rvr60

ORACIÓN

*Dios, puedo hablar contigo en cualquier momento. Tú
conoces mi corazón y escuchas cada palabra que pronuncio,
ya sea en voz baja o proclamándola en voz alta. Enséñame lo
que significa pedir, buscar y llamar a la puerta: no desistir en
la oración hasta que reciba de ti lo que desea mi corazón.*

*Te dirijo mi voz en la mañana y hablo contigo al
acostarme a dormir cada noche. Deseo que nuestra relación
crezca y se profundice. Tócame. Sáname. Hazme pleno.
Dirígeme a orar lo que tú deseas para que venga tu reino y se
haga tu voluntad en la tierra como se hace en el cielo.*

Provisión

Dios provee. Proveyó que nuestros pecados sean perdonados en Cristo. Proveyó que experimentemos salud emocional, física y espiritual. Proveyó al Espíritu Santo para que podamos recibir dirección, consuelo y poder para seguir a Jesús y vivir una vida piadosa. Dios provee alimento, agua, abrigo, amistad, fortaleza, aliento e incluso la vida misma. La verdad es que, en todo lo que necesitemos en la vida, podemos acudir confiadamente a Dios y pedir que satisfaga nuestras necesidades.

Si estamos físicamente enfermos, podemos acudir a Dios el día de hoy y rogarle que sane nuestros cuerpos. Cuando necesitemos sanidad emocional o liberación de una adicción, acudamos a él, porque otorga gratuitamente su gracia a todo aquel que la solicita. Si necesitamos perdón de nuestros pecados, podemos acudir a Dios a través de la sangre de Jesucristo, pidiéndole que nos limpie y nos restaure a la relación correcta con él. Dios nos provee a Jesucristo, ¿cómo podría él retener algo menor a él?

PROMESAS

Si a alguno de ustedes le falta sabiduría, pídasela a Dios,
y él se la dará, pues Dios da a todos generosamente sin
menospreciar a nadie.

SANTIAGO 1:5 NVI

Glorifica a Dios con todas tus riquezas,
honrándolo con lo mejor que tengas, con cada
incremento que te llegue. ¡Entonces cada dimensión
de tu vida rebosará de bendiciones de una fuente
incontenible de alegría interior!

PROVERBIOS 3:9, 10 TLP

Pero esto digo: El que siembra escasamente, también
segará escasamente; y el que siembra generosamente,
generosamente también segará. Cada uno dé como
propuso en su corazón: no con tristeza, ni por necesidad,
porque Dios ama al dador alegre. Y poderoso es Dios
para hacer que abunde en vosotros toda gracia, a fin
de que, teniendo siempre en todas las cosas todo lo
suficiente, abundéis para toda buena obra.

2 CORINTIOS 9:6–8 RVR60

Así que mi Dios les proveerá de todo lo que necesiten,
conforme a las gloriosas riquezas
que tiene en Cristo Jesús.

FILIPENSES 4:19 NVI

"No os afanéis, pues, diciendo: ¿Qué comeremos, o qué beberemos, o qué vestiremos? Porque los gentiles buscan todas estas cosas; pero vuestro Padre celestial sabe que tenéis necesidad de todas estas cosas. Mas buscad primeramente el reino de Dios y su justicia, y todas estas cosas os serán añadidas".

MATEO 6:31–33 RVR60

Si Dios no se guardó ni a su propio Hijo,
sino que lo entregó por todos nosotros,
¿no nos dará también todo lo demás?

ROMANOS 8:32 NTV

ORACIÓN

Señor, te agradezco que me proveas ricamente de todo para poder disfrutarlo. Te agradezco por el mejor don para mí: Jesucristo, para perdonar mi pecado y acercarme a ti. Deseo honrarte con lo que ya has provisto para mí y ser fiel con lo que proveerás para mí en el futuro.

Tú me provees con toda bendición en abundancia. Siempre contaré con lo suficiente y podré compartir abundantemente con los demás en toda buena obra. Te buscaré primero y te agradezco que satisfagas todas mis necesidades de acuerdo a tus riquezas.

Pureza

Ser perfecto ante los ojos de Dios es totalmente imposible. Ningún ser humano ha sido capaz de alcanzar los estándares de Dios a través del esfuerzo personal o del sacrificio para ganarse una buena posición delante de él. La Biblia nos muestra a generaciones de personas que fracasaron en cambiar sus corazones y mejorar su conducta. Dios envió profetas, jueces y reyes para ayudarles a lo largo del camino, de modo que pudieran ver lo que significa ser justo y caminar bajo las órdenes de Dios. Aun cuando escucharon en algunos momentos de la historia, en general cerraron sus oídos y corazones a lo que Dios pedía de ellos por su propio bien.

La única alternativa de Dios fue enviar a Jesús a redimir de su pecado a toda la humanidad. Dios luego nos dio la alternativa de aceptar o no lo que él proveyó. ¿Acaso continuaremos tratando de vivir una vida buena y ganarnos nuestra pureza a base de nuestro propio poder y fuerza; o seremos verdaderamente libres del dominio del pecado al confiar en el sacrificio de Jesús en la cruz y en la obra continua del Espíritu Santo en nuestras vidas? Dios nos abrió el camino para ser salvos y tener vida eterna. Además, nos concedió su Palabra y al Espíritu Santo para mostrarnos cómo vivir con felicidad, en santidad y de manera productiva mientras seguimos aquí en la tierra.

PROMESAS

Por lo demás, hermanos, todo lo que es verdadero, todo
lo honesto, todo lo justo, todo lo puro, todo lo amable,
todo lo que es de buen nombre; si hay virtud alguna,
si algo digno de alabanza, en esto pensad.

FILIPENSES 4:8 RVR60

Háganlo todo sin quejas ni contiendas, para que sean
intachables y puros, hijos de Dios sin culpa en medio
de una generación torcida y depravada. En ella ustedes
brillan como estrellas en el firmamento, manteniendo
en alto la palabra de vida. Así en el día de Cristo
me sentiré satisfecho de no haber corrido
ni trabajado en vano.

FILIPENSES 2:14–16 NVI

La religión pura y verdadera a los ojos de Dios Padre
consiste en ocuparse de los huérfanos y de las viudas en
sus aflicciones, y no dejar que el mundo te corrompa.

SANTIAGO 1:27 NTV

Esfuércense por vivir en paz con todos y procuren llevar
una vida santa, porque los que no son santos
no verán al Señor.

HEBREOS 12:14 NTV

¿Quién puede subir al monte del SEÑOR?
¿Quién puede estar en su lugar santo?
Solo los de manos limpias y corazón puro,

que no rinden culto a ídolos
y nunca dicen mentiras.
Ellos recibirán la bendición del Señor
y tendrán una relación correcta con Dios su salvador.
Gente así puede buscarte
y adorar en tu presencia, oh Dios de Jacob.

Salmos 24:3–6 ntv

ORACIÓN

*Padre, perdóname por todas las formas por las que he
buscado estar bien contigo a través de mis buenas obras.
Reconozco que es solo a través de ti que puedo tener esperanza
de mejorar y ser aceptable ante ti. Muéstrame, Señor, qué
debo hacer para mantener puros mi mente y corazón.
Ayúdame a confiar sola y completamente en el sacrificio de
Jesús en la cruz y en lo que tu Palabra me indica hacer para
vivir una vida en santidad.*

*Dios, dame la gracia que necesito para seguir tus
caminos, permitiendo que tu Espíritu produzca santidad en
mi vida. Ayúdame a no experimentar solo la comprensión
de sacrificio expiatorio de Jesús, sino a caminar en el poder
de ese sacrificio, viviendo una vida de pureza y santidad.
Dios, quiero que mis pensamientos, palabras y obras sean
agradables delante de ti. Purifícame.*

Propósito

Respecto al propósito de nuestra vida, ¿cómo podemos saber cuál es? Solo Dios tiene la verdadera respuesta a esta pregunta pero, por alguna razón, él no usa una ilustración pintándola en el cielo que revele el plan para el que nos creó. Él utiliza personas y experiencias para nutrirnos y guiarnos a cada uno de nosotros por un camino único y personalizado.

Algunos conocen su propósito muy pronto en la vida, mientras que otros pasan toda una vida cuestionando su identidad.

Solamente a través de buscar la voluntad de Dios y de nuestra cooperación con él es como podemos descubrir el propósito de la vida y hallar la razón por la que nacimos. Nunca sabremos qué impacto realmente tienen nuestras vidas. Quizá el próximo presidente de una nación o un doctor que salvará la vida de un niño necesita una palabra amable el día de hoy, no de alguien más, sino de nosotros.

Si hemos creído mentiras respecto a nuestro propósito o respecto a que no tenemos propósito, podemos tener fe en que Dios cumplirá su propósito en nuestras vidas. Nuestro propósito puede sorprendernos totalmente. Podemos confiar en él. Podemos ser una bendición en donde nos encontramos. Acudir a donde él nos envíe. Hablar y alcanzar a la persona a la que él nos dirija. Él nos capacita y nos guía a través de la vida en dirección a su propósito. Hoy podemos seguir su dirección pues él nos creó para cosas grandes y maravillosas.

PROMESAS

No, amados hermanos, no lo he logrado, pero me concentro únicamente en esto: olvido el pasado y fijo la mirada en lo que tengo por delante, y así avanzo hasta llegar al final de la carrera para recibir el premio celestial al cual Dios nos llama por medio de Cristo Jesús.

FILIPENSES 3:13, 14 NTV

Y todo lo que hagáis, hacedlo de corazón, como para el Señor y no para los hombres.

COLOSENSES 3:23 RVR60

Todo tiene su tiempo, y todo lo que se quiere debajo del cielo tiene su hora.

ECLESIASTÉS 3:1 RVR60

Ahora Dios nos ha dado a conocer su misterioso plan acerca de Cristo, un plan ideado para cumplir el buen propósito de Dios. Y el plan es el siguiente: a su debido tiempo, Dios reunirá todas las cosas y las pondrá bajo la autoridad de Cristo, todas las cosas que están en el cielo y también las que están en la tierra. Es más, dado que estamos unidos a Cristo, hemos recibido una herencia de

parte de Dios, porque él nos eligió de antemano y hace
que todas las cosas resulten de acuerdo con su plan.

Efesios 1:9–11 ntv

Y sabemos que a los que aman a Dios,
todas las cosas les ayudan a bien, esto es,
a los que conforme a su propósito son llamados.

Romanos 8:28 rvr60

ORACIÓN

*Padre, tú tienes un propósito divino para mi vida: algo que
has creado que solo yo puedo hacer. Yo anticipo lo que tú,
el Creador del universo, has planeado para mí. Ayúdame a
confiar en ti y acudir a donde quiera que me envíes a cumplir
tu voluntad a través de mi vida. Me resisto a la distracción y
a las preocupaciones de esta vida que tratan de obstaculizar
tu propósito.*

*Dejo todo atrás y procedo hacia la meta de conocerte.
Hasta ese día, cuando comprenda completamente tus
propósitos en mi vida y la razón por la que me creaste,
ayúdame a continuar haciendo tu voluntad, marcando en tu
nombre una diferencia en donde quiera que pueda.*

Reconciliación

Las acciones y palabras negativas causan división. El resultado es que se destruye la paz, desaparece la cooperación y las relaciones se fracturan. Necesitamos la reconciliación para restaurar nuestra relación con Dios y con los demás, de modo que experimentemos armonía, paz, colaboración y cooperación para cumplir los propósitos de Dios.

El arrepentimiento, el perdón y la comprensión ayudan en la reconciliación de las relaciones. Reconocer nuestros propios errores y pedir perdón es el primer paso hacia la reconciliación. Otorgar el perdón a quienes nos han perjudicado es esencial para mantener las relaciones saludables y plenas. La falta de perdón es un veneno que nosotros ingerimos esperando que sea la otra persona la que se enferme. Si no perdonamos, nosotros somos los que enfermaremos. La falta de perdón abre la puerta a muchas enfermedades y dolencias. Sin embargo, a través de Cristo podemos ser reconciliados en todas nuestras relaciones, lo que proporcionará salud y plenitud a nuestras vidas.

Dios nos llamó a ser ministros de la reconciliación: a reconciliar a la gente con Dios y con los demás. ¿Cómo es eso de manera práctica? Pongamos en manos de Dios las injusticias y las heridas a las que nos hemos aferrado. Hay que arrepentirnos, perdonar y procurar ver a través de la perspectiva de Dios a las personas y a las situaciones que atraviesan nuestras vidas.

PROMESAS

Así que hemos dejado de evaluar a otros desde el punto de vista humano. En un tiempo, pensábamos de Cristo solo desde un punto de vista humano. ¡Qué tan diferente lo conocemos ahora! Esto significa que todo el que pertenece a Cristo se ha convertido en una persona nueva. La vida antigua ha pasado; ¡una nueva vida ha comenzado! Y todo esto es un regalo de Dios, quien nos trajo de vuelta a sí mismo por medio de Cristo. Y Dios nos ha dado la tarea de reconciliar a la gente con él. Pues Dios estaba en Cristo reconciliando al mundo consigo mismo, no tomando más en cuenta el pecado de la gente. Y nos dio a nosotros este maravilloso mensaje de reconciliación. Así que somos embajadores de Cristo; Dios hace su llamado por medio de nosotros. Hablamos en nombre de Cristo cuando les rogamos: «¡Vuelvan a Dios!». Pues Dios hizo que Cristo, quien nunca pecó, fuera la ofrenda por nuestro pecado, para que nosotros pudiéramos estar en una relación correcta con Dios por medio de Cristo.

2 Corintios 5:16–21 ntv

Vestíos, pues, como escogidos de Dios, santos y amados, de entrañable misericordia, de benignidad, de humildad, de mansedumbre, de paciencia;

soportándoos unos a otros, y perdonándoos unos a otros si alguno tuviere queja contra otro. De la manera que Cristo os perdonó, así también hacedlo vosotros.

COLOSENSES 3:12, 13 RVR60

Y no sólo esto, sino que también nos gloriamos en Dios por el Señor nuestro Jesucristo, por quien hemos recibido ahora la reconciliación.

ROMANOS 5:11 RVR60

"Y cuando estéis orando, perdonad, si tenéis algo contra alguno, para que también vuestro Padre que está en los cielos os perdone a vosotros vuestras ofensas".

MARCOS 11:25 RVR60

"Porque, si perdonan a otros sus ofensas, también los perdonará a ustedes su Padre celestial".

MATEO 6:14 NVI

ORACIÓN

Padre, gracias por reconciliarme contigo a través de la muerte y resurrección de Jesús. Restaura las relaciones que están fracturadas en mi vida. Así como me has perdonado, ayúdame a ser rápido en perdonar a otros. Dejo en tus manos estos pecados y te ruego que arregles las cosas.

Hazme un ministro de la reconciliación. Otórgame un corazón compasivo y lleno de bondad, humildad y paciencia. Lléname con tu Espíritu para amar a otros y llamarlos a que regresen a ti.

Relaciones

Los seres humanos fuimos creados para mantener una relación con Dios y con otras personas. Aquellos que hemos nacido en la familia de Dios, somos contados como sus amigos. Qué poderosa y maravillosa es esa relación personal entre Dios y nosotros. Él es el mejor amigo que jamás podremos tener, y nos promete no dejarnos ni abandonarnos nunca. Nuestra relación con Dios es la relación más importante que tendremos jamás en esta tierra y es lo suficientemente valiosa para que invirtamos tiempo en ella.

Dios también nos creó para mantener un fuerte y personal vínculo entre nosotros: para crecer, reír y jugar juntos. Compañeros de clase, vecinos, compañeros de trabajo, miembros de la familia; desarrollamos amistades en todos los niveles y etapas de la vida. Las amistades verdaderas trascienden al tiempo, las experiencias y la distancia.

Dios provee buenas relaciones personales para nosotros, amigos que nos animan, nos desafían y nos renuevan. El mejor amigo que jamás hemos de tener es Jesús, y él también puso personas alrededor nuestro para ser sus manos y sus pies.

PROMESAS

"Este es, pues, mi mandamiento: ámense
profundamente unos a otros, tanto como yo los he
amado a ustedes. Porque el amor más grande de todos
es un amor que lo sacrifica todo. Y este gran amor se
demuestra cuando una persona sacrifica su vida por
sus amigos. Ustedes demuestran que son mis amigos
íntimos cuando obedecen todo lo que yo les mando.
Nunca los he llamado 'siervos', porque un amo
no confía en sus siervos, y los siervos
no siempre entienden lo que el amo está haciendo.
Pero los llamo mis amigos más íntimos, porque les
revelo todo lo que he oído de mi Padre".

JUAN 15:12–15 TLP

El amor pasa por alto los errores de los demás,
pero pensar en los fallos del otro destruye las amistades.

PROVERBIOS 17:9 TLP

Recibir con humildad la sabia corrección adorna tu vida
con belleza y te hace mejor persona. El mensajero fiable
y de confianza reconforta el corazón de su señor,
como una suave brisa que sopla en el momento de la
cosecha, refrescando su frente sudorosa.

PROVERBIOS 25:12, 13 TLP

Más valen dos que uno,
porque obtienen más fruto de su esfuerzo.
Si caen, el uno levanta al otro.
¡Ay del que cae y no tiene quien lo levante!

ECLESIASTÉS 4:9, 10 NVI

Las buenas amistades refrescan el alma y despiertan
con alegría nuestro corazón, porque los buenos amigos
son como el aceite de la unción que produce el fragante
incienso de la presencia de Dios.

PROVERBIOS 27:9 TLP

Ámense unos a otros con un afecto genuino
y deléitense al honrarse mutuamente.

ROMANOS 12:10 NTV

Se necesita una piedra de afilador para afilar un cuchillo,
del mismo modo una persona afila el carácter de otra.

PROVERBIOS 27:17 TLP

ORACIÓN

*Padre, estoy asombrado de poder ser tu amigo. Quiero ser
un amigo fiel a ti y a quienes tú has puesto en mi vida.
Concédeme buenos amigos para crecer y desarrollarme en lo
que tú deseas que yo sea. Haz que se cruce mi camino con el
de aquellos que deseas que entable una amistad. Ayúdame a
mantener una relación cercana que sea confiable.*

*Lléname de tu amor para que pueda amar a otros con
afecto genuino, reanimando sus espíritus a través de mis
palabras de aliento y mis acciones consideradas. Aprecio las
relaciones que has establecido en mi vida.*

Frescura

Cuando nos acercamos a Cristo por primera vez, él se queda con todo lo viejo y nos otorga una vida nueva. Nos reanima para revivir en él. Podemos conectarnos con Dios a través de la oración y la meditación en su Palabra. Si nuestra vida espiritual se seca o se estanca, Jesús quiere infundir vida nueva en ella el día de hoy, mañana y todos los días. Se espera que constantemente seamos llenos de la vida y la presencia del Espíritu Santo.

Hoy es nuestro día. Jesús nos ama y quiere hablarnos en este momento, justamente en donde nos encontramos. Él renovará nuestro espíritu, cuerpo y alma, y nos ayudará en nuestros problemas. Él sabe la mejor forma de proporcionarnos paz, gozo y vida nueva. No necesitamos preocuparnos acerca del próximo mes o año, simplemente debemos rogar que nos indique qué quiere que hagamos a continuación. Él infundirá frescura a nuestra alma, causando que nos llenemos de vida nueva una vez más.

PROMESAS

"Pónganse mi yugo. Déjenme enseñarles,
porque yo soy humilde y tierno de corazón,
y encontrarán descanso para el alma".

MATEO 11:29 NTV

No mintáis los unos a los otros, habiéndoos despojado
del viejo hombre con sus hechos, y revestido del nuevo,
el cual conforme a la imagen del que lo creó
se va renovando hasta el conocimiento pleno.

COLOSENSES 3:9, 10 RVR60

Mas vosotros no habéis aprendido así a Cristo, si en
verdad le habéis oído, y habéis sido por él enseñados,
conforme a la verdad que está en Jesús... y renovaos en el
espíritu de vuestra mente, y vestíos del nuevo hombre,
creado según Dios en la justicia y santidad de la verdad.

EFESIOS 4:20, 21, 23, 24 RVR60

Jesús respondió: «Si bebes del pozo de Jacob, tendrás
sed una y otra vez, pero, si alguno bebe el agua viva que
yo le doy, no volverá a tener sed y quedará saciado para
siempre. Porque cuando beben el agua que les doy, ¡esta
se convierte en una fuente que mana del Espíritu Santo,
brotando e inundándolos de vida eterna!».

JUAN 4:13, 14 TLP

Los que viven para bendecir a los demás
verán cómo las bendiciones se amontonan sobre ellos,

y el que derrama su vida para derramar bendiciones
se verá saturado de favores.

PROVERBIOS 11:25 TLP

Entonces, en el día más importante de la fiesta, el último
día, Jesús se puso de pie y clamó a la multitud: «¡Todos
los sedientos, vengan a mí! ¡Vengan a mí y beban! ¡Crean
en mí para que broten de su interior ríos de agua viva,
que fluyan desde lo más profundo de su ser,
como dice la Escritura!».

JUAN 7:37, 38 TLP

ORACIÓN

*Padre, hoy acudo a ti para experimentar renovación. Estoy
cansado. Agotado. Necesito que infundas vida nueva en mí.
Ven a mí ahora y enséñame a beber del agua viva que ofreces
gratuitamente.*

*Acudo a ti y bebo profundamente de tu Espíritu. Permite
que ríos de agua viva broten dentro de mí y fluyan a través
de mí. Hago a un lado lo viejo y me revisto de tus atributos
hoy. Lléname con tu Espíritu Santo. Renueva mi mente y
refresca mi perspectiva de modo que pueda vivir con fortaleza
y vitalidad todos los días de mi vida.*

Restauración

A menudo, las personas tendrán un nuevo impulso en su paso luego de pedirle a Dios que se haga cargo de sus vidas. Se ven más erguidas y caminan con mucha más confianza. Todo es nuevo. La vida ha sido restaurada. Esto es porque Dios se dedica a la restauración. Dios se especializa en tomar nuestras vidas rotas, nuestras esperanzas y sueños desechos e incluso nuestros cuerpos quebrantados, y restaurarlos, infundiéndoles vida y esperanza nuevas.

Si nos hemos rendido en esperar el cumplimiento de una promesa de Dios, él puede restaurar nuestra fe e infundir esperanza en nuestros corazones. Quizá ya nos rendimos esperando el poder sanador en nuestro cuerpo físico. Dios es capaz de restaurar nuestros cuerpos y dar sanidad a nuestras almas. Él puede cambiar nuestro lamento en danza, quitarnos la tristeza y revestirnos de gozo. Dios quiere restaurar las cosas que se han perdido o que han sido arrebatadas de nuestras vidas. Hoy podemos confiar en que él nos restaure de la forma que anhela hacerlo.

PROMESAS

Vuélvete hacia mí y contéstame, ¡oh Señor, mi Dios!
Devuélvele el brillo a mis ojos, o moriré.
Pero yo confío en tu amor inagotable;
me alegraré porque me has rescatado.

Salmos 13:3, 5 ntv

En lugares de delicados pastos me hará descansar;
Junto a aguas de reposo me pastoreará.
Confortará mi alma;
Me guiará por sendas de justicia por amor de su nombre.

Salmos 23:2, 3 rvr60

El Espíritu del Señor Soberano está sobre mí, porque
el Señor me ha ungido para llevar buenas noticias a los
pobres. Me ha enviado para consolar a los de corazón
quebrantado y a proclamar que los cautivos serán
liberados y que los prisioneros serán puestos en libertad.
Él me ha enviado para anunciar a los que se lamentan
que ha llegado el tiempo del favor del Señor junto con el
día de la ira de Dios contra sus enemigos. A todos los que
se lamentan en Israel les dará una corona de belleza en
lugar de cenizas, una gozosa bendición en lugar de luto,
una festiva alabanza en lugar de desesperación. Ellos, en
su justicia, serán como grandes robles que el
Señor ha plantado para su propia gloria.

Isaías 61:1–3 ntv

Y os restituiré los años que comió la oruga, el saltón, el revoltón y la langosta, mi gran ejército que envié contra vosotros. Comeréis hasta saciaros, y alabaréis el nombre de Jehová vuestro Dios, el cual hizo maravillas con vosotros; y nunca jamás será mi pueblo avergonzado. Y conoceréis que en medio de Israel estoy yo, y que yo soy Jehová vuestro Dios, y no hay otro; y mi pueblo nunca jamás será avergonzado.

JOEL 2:25–27 RVR60

Tú cambiaste mi duelo en alegre danza; me quitaste la ropa de luto y me vestiste de alegría.

SALMOS 30:11 NTV

ORACIÓN

Señor, tú eres siempre fiel a tus promesas. Gracias por salvarme y llamarme a vivir para ti, no por lo que he hecho sino de acuerdo con tu propósito y gracia. Tú te llevas mis cargas y me libras de conflictos, del estrés y del trauma. Restaura la vitalidad en mis ojos. Cambia mi lamento en danza y llévate mi vestido de luto y revísteme con gozo. Eres el Dios que restaura y te encanta restaurar todas las cosas que se han perdido en mi vida. Restaura mi alma, mi salud, mis relaciones y mis finanzas. En tu nombre, hoy declaro restauración sobre mi vida.

Seguridad

A través de toda la Biblia podemos observar las promesas de Dios para proteger a su pueblo y mantenerlo seguro. Dios es un refugio, una fortaleza a la cual correr en tiempos de tribulación. Cuando enfrentemos problemas en esta vida, cuando experimentemos temor y estemos en peligro, podemos apresurarnos hacia el Señor que nos protege, nos mantiene seguros y nos preserva para llevar a cabo sus planes y propósitos.

Cuando las cosas se complican y son difíciles, ¿a dónde nos dirigimos o a quién recurrimos? ¿Buscamos sentirnos seguros en lo que podemos hacer o acudimos a un amigo para hablar de nuestros problemas? ¿O acudimos al Señor y rogamos su protección?

En cada situación en la que nos encontramos, Dios quiere que clamemos a él pidiendo su protección. Cuando nos enfrentemos a circunstancias difíciles, fijemos la vista en el Señor Dios Todopoderoso. Él nos protegerá. Cuando clamemos a Dios, él será nuestro protector y nuestro abrigo en tiempos de prueba.

PROMESAS

Si haces al Señor tu refugio
y al Altísimo tu resguardo,
ningún mal te conquistará;
ninguna plaga se acercará a tu hogar.
Pues él ordenará a sus ángeles
que te protejan por donde vayas.

Salmos 91:9–11 ntv

Pero el Señor es fiel, y él los fortalecerá y
los protegerá del maligno.

2 Tesalonicenses 3:3 nvi

Jehová será refugio del pobre,
Refugio para el tiempo de angustia.
En ti confiarán los que conocen tu nombre,
Por cuanto tú, oh Jehová,
no desamparaste a los que te buscaron.

Salmos 9:9, 10 rvr60

El carácter de Dios es una torre de fortaleza,
pues los que aman a Dios se deleitan en correr a su
corazón y ser exaltados en lo alto.

Proverbios 18:10 tlp

El Señor mismo marchará al frente de ti y estará contigo;
nunca te dejará ni te abandonará.
No temas ni te desanimes.

Deuteronomio 31:8 nvi

Oh Dios, ¡escucha mi clamor! ¡Oye mi oración!
Desde los extremos de la tierra,
clamo a ti por ayuda cuando mi corazón está abrumado.
Guíame a la imponente roca de seguridad, porque tú eres
mi amparo seguro, una fortaleza donde mis enemigos no
pueden alcanzarme. Permíteme vivir para siempre en tu
santuario, ¡a salvo bajo el refugio de tus alas!

SALMOS 61:1–4 NTV

ORACIÓN

*Gracias por tu protección, Padre. Tú eres mi lugar seguro.
Encuentro abrigo bajo la sombra de tus alas, pues tú eres
mi refugio en tiempos de angustia. Cuando esté en peligro,
pondré mi confianza en ti, porque tú, Señor, no abandonas a
quienes te buscan. Eres una fortaleza a la que puedo acudir,
pues sé que estaré seguro contigo. Gracias por poner tus
ángeles alrededor de mí para resguardarme. Ya no tengo que
vivir en temor porque tú siempre estás presente, tú siempre
estás conmigo.*

Enfermedad Grave

Las enfermedades graves pueden ser fatales, e incluyen embolias, cáncer y padecimientos del corazón, pulmones y sangre. Tal parece que cuando a una persona se le diagnostica alguna de estas enfermedades, debe mostrarse más fe para que ocurra la sanidad. Pero la fe que puede creer que Dios sana una fiebre menor es la misma fe del tamaño de una semilla de mostaza que puede expulsar una enfermedad grave. A Dios le encanta sanar a la gente. Él es poderoso, capaz y desea sanar toda enfermedad.

Existen muchas enfermedades distintas que atacan el cuerpo humano y todas tienen un solo objetivo: la muerte y la destrucción. De modo que, en vez de solo luchar contra la enfermedad, debemos luchar en contra de todo el estrés, temor y trauma que acompaña al diagnóstico. Para que ocurra la sanidad, es necesario renunciar al espíritu de esa enfermedad (como el cáncer). Luego, las oraciones por sanidad deben dirigirse hacia la total recuperación de las células dañadas y los órganos del cuerpo.

Sin importar el tipo de sanidad que necesitemos el día de hoy, creemos que nada es imposible para la

persona que tiene fe; incluso en el caso de enfermedades "incurables". Una fe del tamaño de una semilla de
mostaza es suficiente para mover montañas, y esa es la fe
que Dios ha puesto dentro de nosotros. Podemos confiar
en que él moverá montañas por nosotros.

PROMESAS

Mas a Jehová vuestro Dios serviréis, y él bendecirá tu pan
y tus aguas; y yo quitaré toda enfermedad de en medio de
ti. No habrá mujer que aborte, ni estéril en tu tierra;
y yo completaré el número de tus días.

ÉXODO 23:25, 26 RVR60

Entonces Jesús dijo a los discípulos:
— Tengan fe en Dios. Les digo la verdad, ustedes pueden
decir a esta montaña: "Levántate y échate al mar",
y sucederá; pero deben creer de verdad que ocurrirá
y no tener ninguna duda en el corazón.
Les digo, ustedes pueden orar por cualquier cosa
y si creen que la han recibido, será suya.

MARCOS 11:22—24 NTV

"—¿Cómo que 'si puedo'? —preguntó Jesús—.
Todo es posible si uno cree".

MARCOS 9:23 NTV

ORACIÓN

Dios, tú afirmas que nada es imposible para aquel que cree.
También dices que, si tengo fe del tamaño de una semilla de
mostaza, yo podría mover montañas al indicarlo con mi voz.
Tomo la fe que me has dado hoy y decreto total sanidad de
esta enfermedad en mi vida. Lo que los doctores han llamado
"incurable" tú lo llamas curable. Nada es demasiado difícil
para que tú lo domines, así que oro para que obres sanidad en
mi cuerpo.

Renuncio al espíritu de esta enfermedad y ordeno que se
vaya de aquí todo temor, estrés y trauma que le acompaña.
Quebranto su poder en el nombre de Jesús y hablo palabras
de vida y restauración a cada célula dañada. Que todas
las sustancias químicas y hormonas vuelvan a su estado
normal. Cualquier órgano que necesite reemplazarse, Padre,
yo sé que tú puedes hacer que se restaure su función normal,
y sé que lo harás. Pongo todas mis preocupaciones sobre ti
porque tú me cuidas. Hablo palabras de paz a mi cuerpo y a
mi mente y te agradezco por sanarme.

Sexualidad

La tentación se presenta en muchas formas distintas. Los detonantes se encuentran por todas partes, con pocas voces que expliquen por qué la moralidad y la pureza todavía son importantes para nuestra sociedad. Cada uno de nosotros es responsable ante Dios por las cosas secretas y sepultadas en nuestros corazones. Dios sabe qué decimos, qué hacemos y qué es lo que pensamos. Nada está escondido ante sus ojos.

Si estamos luchando con cuestiones de identidad sexual, hay sanidad para nosotros en Cristo, pues fuimos creados a la imagen de Dios. Si estamos luchando con problemas de pornografía, lujuria o adicción a pecados sexuales, también hay sanidad disponible para nosotros. Somos hijos nacidos a la imagen y semejanza de Dios, y él nos ha dado la sexualidad para un propósito específico y para su gloria. Sin importar qué tipo de problema sexual estemos enfrentando hoy, sabemos que a Dios le interesan nuestras luchas y que él traerá sanidad profunda a nuestras vidas.

PROMESAS

¿Cómo puede el joven llevar una vida íntegra?
Viviendo conforme a tu palabra.

SALMOS 119:9 NVI

¡Huyan del pecado sexual! Ningún otro pecado afecta
tanto el cuerpo como este, porque la inmoralidad sexual
es un pecado contra el propio cuerpo. ¿No se dan cuenta
de que su cuerpo es el templo del Espíritu Santo, quien
vive en ustedes y les fue dado por Dios? Ustedes no se
pertenecen a sí mismos, porque Dios los compró a un
alto precio. Por lo tanto, honren a Dios con su cuerpo.

1 CORINTIOS 6:18—20 NTV

Así que hagan morir las cosas pecaminosas y terrenales
que acechan dentro de ustedes. No tengan nada que
ver con la inmoralidad sexual, la impureza, las bajas
pasiones y los malos deseos. No sean avaros, pues la
persona avara es idólatra porque adora las cosas de este
mundo… Vístanse con la nueva naturaleza y se renovarán
a medida que aprendan a conocer a su Creador
y se parezcan más a él.

COLOSENSES 3:5, 10 NTV

Ahora, pues, ninguna condenación hay para los que
están en Cristo Jesús, los que no andan conforme a
la carne, sino conforme al Espíritu. Porque la ley del
Espíritu de vida en Cristo Jesús me ha librado de la ley

del pecado y de la muerte. Porque lo que era imposible para la ley, por cuanto era débil por la carne, Dios, enviando a su Hijo en semejanza de carne de pecado y a causa del pecado, condenó al pecado en la carne; para que la justicia de la ley se cumpliese en nosotros, que no andamos conforme a la carne, sino conforme al Espíritu.

ROMANOS 8:1–4 RVR60

ORACIÓN

Padre, gracias porque tú hiciste mi cuerpo para ser templo del Espíritu Santo. Ya no me pertenezco, sino que soy tuyo porque tú me compraste a un gran precio: la sangre de Jesucristo. Dios, ayúdame a honrarte con mi cuerpo. Muéstrame cómo es que soy creado a tu imagen divina. Te pido que me des la gracia para huir del pecado sexual y permanecer en el sendero de la pureza al vivir de acuerdo con tu Palabra.

Perdóname por todas las formas en las que he utilizado mal mi cuerpo para satisfacer sus apetitos sexuales. Me alejo de esos pecados ahora. Gracias, Jesús, porque tu sangre me limpia de todo pecado; porque las obras del cuerpo mueren ahora; y porque tengo una naturaleza nueva en ti. Fortalece mi identidad en Cristo.

Enfermedad

Vivimos en un mundo empañado por el pecado, lo cual significa que nuestros cuerpos, con el paso del tiempo, se desgastarán y enfrentaremos la muerte. La muerte nos llegará a cada uno de nosotros. Pero, previo a la muerte, experimentamos debilidad en nuestros cuerpos físicos: la decadencia o declive que continuamente trabaja en nosotros. Ya sea que se trate de cáncer o de un resfriado, la diabetes o la fractura de un hueso, todos enfrentamos algún tipo de enfermedad en nuestro cuerpo.

En la Biblia se nos enseña que, cuando estamos enfermos, podemos acudir firmemente al trono de Dios, y rogarle por su gracia y misericordia en nuestro tiempo de necesidad. Aunque nuestros cuerpos no se sientan bien, Dios sigue gobernando nuestras circunstancias. Jesús todavía tiene el poder y la autoridad para sanarnos, eso sin mencionar su voluntad y capacidad para hacerlo.

Podemos acercarnos a Jesús con fe y expectativa, creyendo que él todavía sana al enfermo, que nos libera y ejerce dominio sobre nuestros cuerpos físicos. Tarde o temprano moriremos, pero eso no significa que Jesús no se interese en sanar nuestro cuerpo el día de hoy. Con confianza clamemos a él para que brinde sanidad a nuestras vidas.

PROMESAS

Acerquémonos, pues, confiadamente
al trono de la gracia, para alcanzar misericordia
y hallar gracia para el oportuno socorro.

HEBREOS 4:16 RVR60

Bendice, alma mía, a Jehová,
Y bendiga todo mi ser su santo nombre.
Bendice, alma mía, a Jehová,
Y no olvides ninguno de sus beneficios.
El es quien perdona todas tus iniquidades,
El que sana todas tus dolencias.

SALMOS 103:1–3 RVR60

Cuando oyó hablar de Jesús, se le acercó por detrás entre
la gente y le tocó el manto. Pensaba: «Si logro tocar
siquiera su ropa, quedaré sana».

MARCOS 5:27, 28 NVI

—Señor, no merezco que entres bajo mi techo. Pero
basta con que digas una sola palabra, y mi siervo quedará
sano… Luego Jesús le dijo al centurión:
—¡Ve! Todo se hará tal como creíste.
Y en esa misma hora aquel siervo quedó sano..

MATEO 8:8, 13 NVI

ORACIÓN

Jesús, te agradezco que tienes tanto el poder como la autoridad para sanar mi cuerpo. Confiadamente acudo a ti el día de hoy para pedir que tu gracia y poder sanador actúen en mí. Confío que eres poderoso y buscas una oportunidad para mostrar tu poder sanador. Haz que esta enfermedad deje mi cuerpo, en el nombre de Jesús. Deshago el poder del estrés y del trauma y desato tu paz.

Declaro a cada parte de mi cuerpo que sea plena y que funcione apropiadamente, de la forma que tú me diseñaste. Ordeno que desaparezca todo dolor y que se restituya la total movilidad. Ordeno que todos los músculos, tendones y ligamentos estén en el lugar que tú diseñaste para ellos. Recuperen plenitud y fortalézcanse. Inflamación e hinchazón, que sanen. Toda sustancia químicas y hormona en mi cuerpo, recuperen el equilibrio.

Jesús, pronuncia tu palabra y sáname hoy. Tú pagaste el precio de mi sanidad, así que confío en que estás obrando en mí. Espíritu Santo, llena cada área de mi vida con tu presencia sobrenatural. Echa fuera todo lo que no sea bueno, santo y verdadero. Recibo la sanidad que tienes para mí el día de hoy.

Fortaleza

Dios no solamente nos da vida, sino también fortaleza, amor, protección y libertad. Él provee todo lo que necesitamos para vivir en victoria. Conforme enfrentamos circunstancias difíciles, es fácil estar tan consumido por la batalla diaria que perdemos el sentido de la fortaleza de Dios trabajando en nosotros y a través de nosotros.

Dios es quien nos da la fortaleza para seguir adelante. Él le da fuerza al que no tienen ninguna, poder al débil y descanso a quienes están agotados. Vestirnos de toda la armadura de Dios nos fortalece en el Señor y en el poder de su fuerza. Solo él puede ganar la batalla por nosotros; solo él puede darnos fortaleza. Necesitamos operar a partir de la fortaleza que viene del cielo, no de la fuerza que podamos reunir a través de nuestra propia fuerza de voluntad.

La esperanza en Dios nos dará la fuerza para dar el siguiente paso, ya sea para las actividades del diario vivir o para la próxima batalla que enfrentemos. Nuestra fortaleza proviene del Señor.

PROMESAS

¿Acaso nunca han oído?
¿Nunca han entendido?
El Señor es el Dios eterno,
el Creador de toda la tierra.
Él nunca se debilita ni se cansa;
nadie puede medir la profundidad de su
entendimiento.
Él da poder a los indefensos
y fortaleza a los débiles.
Hasta los jóvenes se debilitan y se cansan,
y los hombres jóvenes caen exhaustos.
En cambio, los que confían en el Señor encontrarán
nuevas fuerzas;
volarán alto, como con alas de águila.
Correrán y no se cansarán;
caminarán y no desmayarán.
Isaías 40:28–31 ntv

Por último, fortalézcanse con el gran poder del Señor.
Pónganse toda la armadura de Dios para que puedan
hacer frente a las artimañas del diablo.
Efesios 6:10, 11 nvi

Las riquezas y la gloria proceden de ti, y tú dominas
sobre todo; en tu mano está la fuerza y el poder, y en tu
mano el hacer grande y el dar poder a todos.
Ahora pues, Dios nuestro, nosotros
alabamos y loamos tu glorioso nombre.
1 Crónicas 29:12, 13 rvr60

Dios es nuestro amparo y fortaleza,
Nuestro pronto auxilio en las tribulaciones.
Por tanto, no temeremos, aunque la tierra sea removida,
Y se traspasen los montes al corazón del mar.

Salmos 46:1, 2 rvr60

ORACIÓN

Padre, tú eres el Dios eterno. Nunca te debilitas ni te cansas. Tú das poder al débil y fuerza al que no tiene ninguna. Por tu gracia, seré fuerte en ti y en el poder de tu fuerza. Lléname con tu poder, Espíritu Santo. Déjame hallar nuevas fuerzas al confiar en ti. Ayúdame a remontar las alturas como las águilas; a correr y no cansarme, caminar y no desmayar. En tu mano está el poder y la fuerza; recibo de tu mano lo que necesito. Dame hoy la fuerza necesaria para seguirte y obedecer tu Palabra.

Estrés

Cierto tipo de estrés es normal; otro es innecesario. Presentar un examen académico, por ejemplo, puede ser estresante, especialmente si no estás preparado para realizarlo. Sin embargo, eso es algo normal y el estrés solo será una experiencia temporal. Involucrarse en un accidente, recibir el reporte de una enfermedad grave o perder el empleo conlleva estrés de largo plazo que no tiene un remedio rápido.

Otro tipo de estrés puede provenir del trauma físico, emocional o mental. Las heridas físicas por causa de accidentes o abuso pueden identificarse fácilmente, pero el trauma mental y emocional, el cual es invisible, es más difícil de descubrir.

El estrés fuera de control puede convertirse en temor y ansiedad, algo que controla y destruye. El trauma puede incrustarse a sí mismo en la mente al igual que en el cuerpo. Debemos agradecer que Dios nos ha dado armas efectivas para lidiar con el estrés que intenta controlar nuestras vidas.

Necesitamos buscar en otros la ayuda que necesitamos para lidiar con el estrés cotidiano o extraordinario. Debemos poner nuestra confianza en Dios y en su provisión para mantener los niveles de estrés al mínimo. Poner toda nuestra fe en él es la única forma de lograr y mantener una vida equilibrada.

PROMESAS

Bendito el hombre que confía en el Señor
y pone su confianza en él.
Será como un árbol plantado junto al agua,
que extiende sus raíces hacia la corriente...

JEREMÍAS 17:7, 8 NVI

"Así que, no os afanéis por el día de mañana,
porque el día de mañana traerá su afán.
Basta a cada día su propio mal".

MATEO 6:34 RVR60

Que el Dios que infunde aliento y perseverancia les
conceda vivir juntos en armonía,
conforme al ejemplo de Cristo Jesús.

ROMANOS 15:5 NVI

En mi angustia clamé al SEÑOR,
y Él me respondió.

SALMOS 120:1 LBLA

Todo lo que les he enseñado es para que la paz que está
en mí esté en ustedes y les dé gran confianza al descansar
en mí. Porque en este mundo incrédulo experimentarán
problemas y tristezas, pero deben ser valientes, ¡porque
yo he vencido al mundo!.

JUAN 16:33 TLP

"Venid a mí todos los que estáis trabajados y cargados,
y yo os haré descansar.
Llevad mi yugo sobre vosotros, y aprended de mí,
que soy manso y humilde de corazón;
y hallaréis descanso para vuestras almas;
porque mi yugo es fácil, y ligera mi carga".

MATEO 11:28—30 RVR60

ORACIÓN

*Padre, tu Palabra indica que, si me encuentro preocupado y
estresado, puedo acudir a ti y hallar descanso para mi alma.
Hoy coloco tu yugo sobre mí y aprendo de ti, para recibir el
descanso por tu amorosa gracia.*

*Perdóname por estar estresado y ansioso, sin confiar
en que tú te preocupas por mis necesidades. Me arrepiento
de cualquier resentimiento y amargura que he mantenido.
Recibo tu purificación y perdón ahora mismo. Confío que tú
me cuidarás y que el estrés de largo plazo no tendrá lugar
alguno en mi vida.*

*Ordeno en tu nombre que se vaya de aquí todo espíritu de
trauma, estrés, preocupación, ansiedad y temor que quiera
influenciarme. Espíritu Santo, lléname ahora mismo de
tu presencia. Acude a toda situación preocupante y toma
el control. Me concentro en todo lo que es verdadero, noble,
justo, puro, amable y de buen nombre. Hoy recibo tu paz, tu
descanso y tu gracia.*

Gratitud

Si hemos de experimentar sanidad y avances en nuestras vidas, es importante que seamos agradecidos. Dios nos ha bendecido a cada uno de nosotros, y la gratitud y la alabanza son las respuestas apropiadas a su bondad.

Una parte importante del desarrollo de nuestra relación con nuestro Padre celestial es adorarle diariamente. Dar gracias a Dios le muestra que tenemos fe en él como nuestra fuente, nuestro libertador y nuestro salvador. En nuestros labios, brotando de nuestros corazones, siempre debe haber alabanzas a él, ya sea que tengamos un gran día o uno difícil, ya sea que estemos sanos o enfermos, felices o deprimidos.

Alabamos a Dios por todo lo que él hace por nosotros y lo adoramos por quién es él. Al hacerlo, establecemos y allanamos una vía rápida de comunicación y de bendiciones entre él y nosotros.

PROMESAS

Entrad por sus puertas con acción de gracias,
Por sus atrios con alabanza;
Alabadle, bendecid su nombre.
Porque Jehová es bueno; para siempre es su
misericordia,
Y su verdad por todas las generaciones.

SALMOS 100:4, 5 RVR60

¡Alaben al Señor porque él es bueno,
y su gran amor perdura para siempre!

1 CRÓNICAS 16:34 NVI

Por tanto, ofrezcamos continuamente mediante Él,
sacrificio de alabanza a Dios, es decir,
el fruto de labios que confiesan su nombre.

HEBREOS 13:15 LBLA

Cantad a Jehová un nuevo cántico,
su alabanza desde el fin de la tierra;
los que descendéis al mar,
y cuanto hay en él, las costas y los moradores de ellas.

ISAÍAS 42:10 RVR60

Las misericordias de Jehová cantaré perpetuamente;
De generación en generación
haré notoria tu fidelidad con mi boca.

SALMOS 89:1 RVR60

Arráiguense profundamente en él y edifiquen toda la vida sobre él. Entonces la fe de ustedes se fortalecerá en la verdad que se les enseñó, y rebosarán de gratitud.

COLOSENSES 2:7 NTV

Regocíjense los santos por su gloria,
Y canten aun sobre sus camas.
Exalten a Dios con sus gargantas,
Y espadas de dos filos en sus manos.

SALMOS 149:5, 6 RVR60

ORACIÓN

Padre, te alabo y te agradezco por todo lo que has hecho en mi vida. Jesús, no hay palabras suficientes para agradecerte lo que hiciste por mí en la cruz, y por las bendiciones que has derramado en mi vida. El día de hoy, vengo ante tu presencia con acción de gracias, declarando que tú eres bueno.

Tu inquebrantable amor perdura para siempre y tu fidelidad es por todas las generaciones. Oro porque mi fe se fortalezca y que mi corazón rebose de gratitud. Dios, por tu gran amor por mí, cantaré de tus misericordias por siempre, ¡y declararé tu fidelidad todos los días de mi vida!

Victoria

Todos los días de nuestra vida estamos librando una batalla: en contra de la carne, el pecado, la enfermedad u otros males en este mundo. Como seguidores de Jesús, debemos esperar ansiosamente y orar por la victoria, pues eso es lo que Jesús nos promete.

La única razón por la que podemos orar por la victoria es debido a que Jesús pagó por todo lo que necesitábamos experimentar en vida: perdón de pecados, sanidad de la mente y del cuerpo, liberación de la influencia demoníaca, provisión para nuestras necesidades y más. No obtenemos la victoria porque somos suficientemente buenos, o porque oramos suficiente o porque leemos la Biblia lo suficiente. Solo tenemos la victoria porque Jesús venció en la batalla; él ha vencido al máximo enemigo a vencer, el cual es la muerte. Saber esa verdad debería hacernos sentir agradecidos en la mitad de la batalla.

Permitamos que dentro de nosotros surja la fe y la esperanza, porque Jesús ha ganado la victoria por nosotros. Jesucristo es el vencedor y él nos invita a unirnos a él en esa victoria.

PROMESAS

¿Acaso hay algo que pueda separarnos del amor de
Cristo? ¿Será que él ya no nos ama si tenemos problemas
o aflicciones, si somos perseguidos o pasamos hambre
o estamos en la miseria o en peligro o bajo amenaza de
muerte?… Claro que no, a pesar de todas estas cosas,
nuestra victoria es absoluta por medio de Cristo,
quien nos amó.

ROMANOS 8:35, 37 NTV

¡Pero gracias a Dios, que nos da la victoria por medio de
nuestro Señor Jesucristo!

1 CORINTIOS 15:57 NVI

… porque todo el que ha nacido de Dios vence al mundo.
Esta es la victoria que vence al mundo: nuestra fe.
¿Quién es el que vence al mundo sino el que cree que
Jesús es el Hijo de Dios?

1 JUAN 5:4, 5 NVI

Digan a los de corazón temeroso:
«Sean fuertes y no teman,
porque su Dios viene para destruir a sus enemigos;
viene para salvarlos».

ISAÍAS 35:4 NTV

Cuando siento miedo, pongo en ti mi confianza.
Confío en Dios y alabo su palabra;
confío en Dios y no siento miedo.
¿Qué puede hacerme un simple mortal?

SALMOS 56:3, 4 NVI

Por último, fortalézcanse con el gran poder del Señor.
Pónganse toda la armadura de Dios para que puedan
hacer frente a las artimañas del diablo.

Efesios 6:10, 11 nvi

Hijitos, vosotros sois de Dios, y los habéis vencido;
porque mayor es el que está en vosotros,
que el que está en el mundo.

1 Juan 4:4 rvr60

ORACIÓN

*Jesús, tú venciste la muerte, el infierno y la tumba en el
Calvario. Te agradezco que nada me puede separar de tu
amor. A pesar de las horrendas circunstancias terrenales,
tú me prometiste una abrumadora victoria en Cristo Jesús.
Tú me concedes la fe que necesito para vencer los efectos del
mundo. ¡Confío en que tú eres más grande que aquel que está
en el mundo!*

*Jesús, tú vives en mí por la persona del Espíritu Santo,
así que hazme levantarme y confiar en que la victoria
que pagaste en la cruz es suficiente para mí. Gracias por
conducirme en victoria.*

Plenitud

Dios nos creó a cada uno de nosotros con tres partes distintivas: un cuerpo, un alma y un espíritu. Dado que Dios es un Espíritu, muchos asumen que su único interés es el mundo espiritual, y que no le interesa mucho nuestra alma o nuestro cuerpo. Sin embargo, la verdad es que a Dios le interesa todo de nosotros: cuerpo, alma y espíritu.

Esta es una de las razones por la que Jesús trae plenitud a cada área de nuestra vida. Él es el único que sana nuestros cuerpos físicos, toca nuestras emociones y nos libera del poder del pecado y de la muerte, de modo que podamos experimentar vida nueva en él. Cuando decimos sí a Jesús, él entra a nuestro corazón e inicia la sanidad y restauración de cada área de nuestra vida.

Si necesitamos sanidad el día de hoy, ya sea en nuestro cuerpo físico, nuestras emociones o en nuestro espíritu, entonces confiemos en que Jesús continúe la buena obra que ha comenzado. Él se interesa en todo lo que somos, no solo en la parte espiritual.

PROMESAS

El Espíritu del Señor Soberano está sobre mí,
porque el Señor me ha ungido
para llevar buenas noticias a los pobres.
Me ha enviado para consolar a los de corazón
quebrantado y a proclamar que los cautivos serán
liberados y que los prisioneros
serán puestos en libertad.
Él me ha enviado para anunciar a los que se lamentan
que ha llegado el tiempo del favor del Señor
junto con el día de la ira de Dios contra sus enemigos.
A todos los que se lamentan en Israel
les dará una corona de belleza en lugar de cenizas,
una gozosa bendición en lugar de luto,
una festiva alabanza en lugar de desesperación.
Ellos, en su justicia, serán como grandes robles
que el Señor ha plantado para su propia gloria.

Isaías 61:1–3 NTV

Al que puede hacer muchísimo más que todo lo que
podamos imaginarnos o pedir, por el poder que obra
eficazmente en nosotros, ¡a él sea la gloria en la iglesia
y en Cristo Jesús por todas las generaciones,
por los siglos de los siglos! Amén.

Efesios 3:20, 21 NVI

Amado, ruego que seas prosperado en todo así como
prospera tu alma, y que tengas buena salud.

3 Juan 2 lbla

De modo que si alguno está en Cristo, nueva criatura es;
las cosas viejas pasaron;
he aquí todas son hechas nuevas.

2 Corintios 5:17 rvr60

Sucedió que estando él en una de las ciudades,
se presentó un hombre lleno de lepra, el cual,
viendo a Jesús, se postró con el rostro en tierra y le rogó,
diciendo: Señor, si quieres, puedes limpiarme.
Entonces, extendiendo él la mano, le tocó, diciendo:
Quiero; sé limpio. Y al instante la lepra se fue de él.

Lucas 5:12, 13 rvr60

ORACIÓN

*Dios, oro porque me ayudes a prosperar y estar sano, tal y
como prospera mi alma. Te agradezco que cuides mi cuerpo,
alma y espíritu. Cuando me diste sanidad, sanaste toda mi
persona, y tú harás mucho más de todo lo que puedo pedir o
de lo que pueda imaginar.*

*Oro que me ayudes a notar que estás interesado en todo
lo que soy y que quieres que yo alcance la plenitud. Remueve
todo obstáculo para alcanzarla. Tú me has hecho una nueva
creación: lo viejo ha pasado y todo es nuevo ahora. Confío en
ti para alcanzar mi plenitud.*

Sabiduría

Como hijos de Dios y miembros de su familia real, tenemos acceso especial a su ayuda. Al solicitar la ayuda de Dios estamos, de hecho, conectándonos a la sabiduría de Dios. Cuando le buscamos y pedimos lo que necesitamos, podemos operar con la mente de Cristo, estando confiados en que él nos concederá precisamente lo que pedimos.

En cualquier momento que necesitemos la ayuda de Dios para cualquier cosa en nuestras vidas, el Espíritu Santo está disponible para auxiliarnos. Él consuela, protege, guía y aconseja. Necesitamos la sabiduría de Dios para evitar errores y tomar decisiones correctas. Debemos tomar un tiempo para pedirle sabiduría cada día, confiando en que él nos la concederá.

PROMESAS

Los que hallan la verdadera sabiduría obtienen las herramientas para el entendimiento, la forma adecuada de vivir, porque tendrán una fuente de bendición derramándose en sus vidas. Obtener las riquezas de la sabiduría es mucho mejor que hacerse con todos los bienes del mundo. Cuando aumenta la sabiduría, se imparte un gran tesoro, mayor que muchos lingotes de

oro refinado. Es una mercancía más valiosa que el oro
y las piedras preciosas, porque nada de lo que puedas
desear es comparable con ella. La sabiduría te presenta
en una mano una larga vida y en la otra, riqueza y
promoción. De su boca brota la justicia, y sus palabras
entregan ley y misericordia. Los caminos de la sabiduría
son agradables, siempre te llevan al lugar de la plenitud.
Buscarla te lleva a descubrir bendiciones incalculables,
porque ella es el árbol de vida sanador
de quienes prueban sus frutos.

PROVERBIOS 3:13–18 TLP

Dios respondió a Salomón: «Puesto que éste ha sido tu
deseo, y no has pedido riquezas ni bienes ni honores, ni
la muerte de tus enemigos, ni tampoco una larga vida,
sino sabiduría y conocimiento para poder gobernar a
mi pueblo, del que te hice rey, te concedo sabiduría y
conocimiento, pero además te daré riquezas, bienes y
honores, como no tuvieron los reyes que hubo antes
de ti ni los tendrán los que habrá después de ti».

2 CRÓNICAS 1:11, 12 DHH

Así que entrena tu corazón para que escuche cuando yo
hable y abre tu espíritu para ampliar tu discernimiento;
luego, transmíteselo a tus hijos y a tus hijas.
Sí, clama por comprensión e intercede por perspicacia.
Pues, si sigues buscándolo como un hombre buscaría
la plata de ley, buscando en lugares ocultos tesoros
preciados, entonces descubrirás el temor del Señor y
encontrarás el verdadero conocimiento de Dios.

PROVERBIOS 2:2–5 TLP

Por esta razón, también nosotros, desde el día que *lo*
supimos, no hemos cesado de orar por vosotros y de
rogar que seáis llenos del conocimiento de su voluntad
en toda sabiduría y comprensión espiritual, para que
andéis como es digno del Señor, agradánd*ole* en todo,
dando fruto en toda buena obra y creciendo
en el conocimiento de Dios.

Colosenses 1:9, 10 lbla

Si necesitan sabiduría, pídansela a nuestro generoso
Dios, y él se la dará; no los reprenderá por pedirla.
Cuando se la pidan, asegúrense de que
su fe sea solamente en Dios, y no duden,
porque una persona que duda tiene la lealtad dividida
y es tan inestable como una ola del mar que el viento
arrastra y empuja de un lado a otro.

Santiago 1:5, 6 ntv

ORACIÓN

*Padre, tú eres un Dios generoso y confío en que suplirás la
sabiduría que necesito para tomar cada decisión el día
de hoy. Espíritu Santo, tú eres mi sabio consejero y quien
me concede todo lo que necesito. Ayúdame a caminar de
una forma que sea digna de ti el día de hoy al concederme
sabiduría espiritual y entendimiento para hacer tu voluntad.*

*Perdóname por confiar en mi propio entendimiento.
Reconozco tu presencia en mi vida y quiero hacer tu voluntad.
Recibo tu sabiduría y concentraré mi corazón en entender tus
caminos. Guíame en tus sendas el día de hoy.*

Preocupación

La preocupación es una respuesta temerosa a los acontecimientos que están fuera de nuestro control. Es verdad que hay muchas cosas por las que debemos preocuparnos en nuestra vida cotidiana. Podemos preocuparnos respecto al trabajo, las finanzas, la salud, nuestro cónyuge o los hijos, y una miríada de otras cosas. No somos inmunes a la preocupación. Sin embargo, Dios nos instruye a no preocuparnos sino acudir a él en oración. Al hacerlo, la paz de Dios guarda nuestros corazones y nuestros pensamientos.

Podemos vencer la ansiedad a través del poder del Espíritu Santo. La clave para vencer la ansiedad y la preocupación es someter el control de cada área de nuestras vidas a Cristo y confiar que él haga un mejor trabajo que el que nosotros podemos hacer. Nosotros sencillamente no podemos hacerlo todo. La paz de Dios está a solo una oración de distancia. Al acudir a Dios en oración ferviente experimentaremos la libertad de las ansiedades, afanes y preocupaciones que nos acosan. Dios es el Dios de paz y él puede darnos la libertad de nuestras preocupaciones y afanes.

PROMESAS

Si haces al SEÑOR tu refugio
y al Altísimo tu resguardo,
ningún mal te conquistará;
ninguna plaga se acercará a tu hogar.
Pues él ordenará a sus ángeles
que te protejan por donde vayas.

SALMOS 91:9—11 NTV

Digan a los de corazón temeroso:
«Sean fuertes y no teman,
porque su Dios viene para destruir a sus enemigos;
viene para salvarlos».

ISAÍAS 35:4 NTV

En mi angustia clamé al SEÑOR,
y Él me respondió.

SALMOS 120:1 LBLA

"Yo les he dicho estas cosas para que en mí hallen paz. En
este mundo afrontarán aflicciones, pero ¡anímense! Yo
he vencido al mundo".

JUAN 16:33 NVI

Por nada estéis afanosos, sino sean conocidas vuestras
peticiones delante de Dios en toda oración y ruego, con
acción de gracias. Y la paz de Dios, que sobrepasa todo
entendimiento, guardará vuestros corazones
y vuestros pensamientos en Cristo Jesús.

FILIPENSES 4:6, 7 RVR60

"Por eso les digo: No se preocupen por su vida, qué comerán o beberán; ni por su cuerpo, cómo se vestirán. ¿No tiene la vida más valor que la comida, y el cuerpo más que la ropa? Fíjense en las aves del cielo: no siembran ni cosechan ni almacenan en graneros; sin embargo, el Padre celestial las alimenta. ¿No valen ustedes mucho más que ellas?".

MATEO 6:25, 26 NVI

Pongan todas sus preocupaciones y ansiedades en las manos de Dios, porque él cuida de ustedes.

1 PEDRO 5:7 NTV

ORACIÓN

Padre, dejo todas mis necesidades en tus manos. Pongo en tus manos todas mis preocupaciones, porque sé que tú cuidas de mí y eres mi proveedor. Tú me dices que no debo preocuparme por alimento, vestido y por mis necesidades diarias, así que te confío todo en mi vida el día de hoy. Eres el único a quien buscaré en tiempos de preocupación, así que ayúdame a confiar en ti en toda circunstancia.

¡Tú has vencido al mundo! Gracias, Jesús, por darme paz en vez de preocupación, fe en lugar de temor y esperanza en vez de desesperación.